진정한 평화는 강력한 국방력과
투철한 안보 의식에서 나온다.

용산전쟁기념관

길고 긴
분단의 세월 속에
우리의 소원은 통일
꿈에도 소원은 통일이었지

이제
우리에게 주어진
또 하나의 사명이 있다면
복음 통일을 위해
기도하는 것

하나님께서
세우시고
하나님이
지키시는 나라
자유대한민국!

과거는 흘러가지 않는다.

75년 전 그때, 수많은 나라의 꽃다운 젊은이들이
이 땅의 자유민주주의 수호를 위해 청춘의 끓는 피를
언어도 문화도 통하지 않는 이곳, 동토의 땅에 묻었습니다.

75년이 지난 지금, 전장의 옷깃에 흩뿌려진 피의 내음은
아직도 생생하기만 한데 우리는 그들을 잊고 있습니다.

그들이 피 흘리며 싸우고, 숨을 토하며
이슬처럼 스러져갔던 동족상잔의 비극 6·25전쟁,
까마득한 옛 전장으로만 기억되고 있습니다.

좌파 종·친북 세력들이 찬양하는
김일성, 김정일, 김정은의 인민들은
굶주림과 핍박에 시달리고 있는데 양심의 거리낌 없이
이 땅에서 배부르게 잘 먹고 잘살면서
6.25전쟁은 북침이라고 천인공노할 망언을 하며
주적을 주적이라 말을 못 하게 하고 있습니다.

과거는 절대 죽지 않는다.

6·25 전쟁, 가정이 아닌 현실입니다.
세월이 아무리 흐른다 해도
그때의 피비린내는 지워지지 않은 채
동족 간의 피의 교훈으로 살아 있을 것입니다.
6·25! 잊으면 다시 옵니다.
그 대가는 역사의 교훈을 잊은
우리의 몫이 될 것입니다.

형제의 상

6·25전쟁 당시 각각 한국군과 인민군으로 적이 되어 만나게 된 형제의 비극을 작품으로 재현한 것이다. 전쟁의 소용돌이 속에서 형인 박규철 소위는 한국군 제8사단 제16연대 소속으로, 동생인 박용철 하사는 북한군 제8사단 제83연대 소속으로 참전하게 되었다. 치악고개 전투에서 만난형제는 서로를 알아보고, 서로에게 겨눈 총을 거두고 얼싸안았다. '동족상잔의 비극'이라는 6·25전쟁의 비극을 상징하는 조형물로, 서로 한 덩어리가 되어 얼싸 안고 있는 형제의 모습에서 화해, 사랑, 용서의 의미를 엿볼 수 있다.

6·25전쟁을 기리며

세월 흐른 6.25!
잊지는 말자고 부르던 가사마저 가물거리고
풍요가 주는 마취제와 사상의 폭력 때문에
조국의 땅과 도시들은 몽롱하다.

하늘은 포성에 쪼개지고
땅에는 죽음이 즐비하여
조국 산천은 초토화.
희망마저 누어버렸던 이 땅!

절망을 장착한 포성소리에
꽃잎들이 바람에 찢기고
넋 잃은 사람들의 표정
국토가 적시도록 통한의 눈물만 흘리던
역사의 한을 어찌 잊으려 하는가?

잊고자 하면 불망의 가사가 더욱 크게 들리는
두 동강난 땅과 이데올로기의 행패,
동서남북 분열의 통증이 가져온 신음소리
피 토하듯 울부짖는 함성을
이제 우리 외면해서는 안 된다는
강철 같은 마음 소유하자!

세계 속에 타오르는 불꽃
인류의 으뜸 속에 있는 조국,
오늘의 빛난 역사를 세우기까지,
무량의 기도와 고통의 즙을 마시며
인고의 세월과 그 길이를
반 쪽 난 영토를 희망으로 일구어주신
가려한 선진들의 유훈의 역사는
마침내 번영의 의복을 입혀 주셨나니

망각이야말로 생명의 손실이며 죽음이라는
교훈을 삼아 오래전에 훼손된 기억과
의식의 심층에 자리 잡은
아프고 시린 추억들을 캐내어 수리하고
오늘의 조국을 희망으로 옷을 갈아입혀
세계로 세계로 펼쳐내자.

그러나 잊지는 말자.
잊으면 반복되는 역사를 추방하고
염원의 평화 통일 만들어내자!

김철안 목사

불행한 역사,
잊으면 다시 찾아온다.

지구상에서 영원히 사라질 뻔한 나라 자유대한민국!

지난 세기 중반에 발발한 6.25전쟁은 핵무기만 제한되었을 뿐 제3차 대전이나 다름이 없었다. 인류역사상 한 나라의 전쟁에 25개국, 200만에 가까운 군인이 치열하게 치른 전쟁도 흔치 않다. 당시 세계의 독립국가 93개국 중 60개국이 남한에 병역이나 군수물자를 제공했고, 소련과 중국이 북한에 공군 및 지상군을, 체코슬로바키아, 헝가리, 폴란드, 루마니아

는 의료지원을 했다. 몽고와 동독도 추가 원조를 했다.

전선의 포화는 멎었지만 3년간의 전쟁으로 인명피해는 너무나 컸다. 현재 밝혀진 것만 국군 약62만, 유엔군 약 16만, 북한군 약 93만, 중공군 약 100만, 민간인 약 250만, 전쟁 미망인 약 30만, 전쟁고아 약 10만, 이산가족 약 1,000만 등 당시 남북한인구 3,000만 명

수많은 사상자와 이산가족의 아픔만을 남긴 채, 그어진 휴전선이 분단80년 6·25전쟁 이후 75년이 되도록 남북을 가로막고 있다. 같은 민족끼리 치유하기 힘든 비극이 아닐 수 없다.

의 절반이 넘는 1,900여만 명이 돌이킬 수 없는 엄청난 피해를 보았다. 아름다운 산하는 복구불능의 폐허가 되었다. 수많은 사상자와 이산가족의 아픔만을 남긴 채, 그어진 휴전선이 분단80년 6·25전쟁 이후 75년이 되도록 남북을 가로막고 있다. 같은 민족끼리 치유하기 힘든 비극이 아닐 수 없다.

1945년8월15일 일제로부터의 해방이 되고, 1948년 8월15일 자유민주주의 대한민국 정부가 건국된 것과 6·25전쟁의 참상에 대해서는 어렴풋이 듣기는 들었지만, '전교조'라는 조직에 가담한 교사들의 편향되고 비뚤어지고 심히 왜곡된 교육으로 인해 안보의 중요성이 결여된 세대가 이끌어갈 미래 자유대한민국의 정체성이 실로, 염려되지 않을 수가 없다.

작금의 이런, 안타깝고 위험천만한 시대를 바라보며, 75년 전 동포끼리 총부리를 겨누며 싸웠던 6·25전쟁과 같은 동족상잔의 비극이, 다시는 이 땅에서 되풀이되지 않도록 이 작은 책을 통하여 6·25전쟁에 대한 정확한 진실과 이해, 깨달음으로 정확한 역사관과 애국관, 그리고 국가의 생존과 번영을 위해 6.25전쟁의 참상에 대한 진실과 이해를 통하여 정확한 역사관과 애국관을 정립하는 데 도움이 되었으면 하는 간절할 마음뿐이다.

가장 핵심적인 요소 중 하나인 안보관安保觀을 정립하는 데 작게나마 도움이 되었으면 하는, 간절한 마음뿐이다.

국가안보를 위해서 밤낮으로 헌신하는
국군 장병들을
존경하고 응원해야 합니다.

6·25전쟁 잊지 말자!

좌파선전에 속지 말자.
공산당에게 이용당할 뿐이다.
전쟁은 한순간에 온다.
평화를 지키려면 전쟁에 대비해야 한다.
'나라를 지키는데 안보 이상의 가치는 없다.'
역사를 잘 받아들인 민족만이 국가의 문명을 꽃피운다.

공산주의는 피를 먹고 산다!

2025년은
3·1절 106주년,
광복 80주년,
분단 80주년,
건국 77주년,
건군 77주년,
6·25전쟁 75주년,
인천상륙작전 75주년,
한미동맹 72주년!

Contents

참고문헌

-6.25전쟁 자료 다수/(사)6.25진실알리기본부
-6.25란 무엇인가?/김순욱
-찾아가는 6.25/김순욱
-대한민국 근현대사(4) 휘선 박윤식 2021.5
-이것이 한국전쟁이다/21세기 군사연구소 노병찬
-한국전쟁 전투사 인천상륙작전/국방부군사편찬연구소 1983
-6.2전쟁사/국방부군사편찬연구소
-인민군 4일만에 서울점령/현대사 포룸. 이선교 2016
-몽클라르 장군과 프랑스대대 /김성수 2016.10
-6.25전쟁으로의 진실여행/ 배영복 2017
-6.25전쟁1129일/우정문고 이중근편저 2014.11.
-6.25전쟁 비하(3)/한국사진문화원
-학도병아 잘 싸웠다/기독신보. 김만규 2016

-건국 대통령이승만 이야기/(사)대한민국사랑회 2011.12
-건국 대통령 이승만의 분노/푸리탄. 2015.6
-대한민국 건국 전후사 바로 알기/ 대추나무 양동안 2019.2
-독일에서 파리까지/말벗. 배병휴 2012.8
-지평의병 지평리 전투 기념관
-인천상륙작전 기념관 팜플릿 등 전시관 게재 내용 참조
-용산전쟁기념관
-KBS 명작다큐'한국전쟁'
-나의 신앙 유산답사기(전남편)/에셀나무. 황규학
- 엄마가 들려주는 이승만 건국 대통령 이야기/보담.정현채

참고 영화   **참고 방송**

-인천상륙작전   -이제 만나러 갑니다(497회)
-포화속으로
-장사리/잊혀진 여웅들

6·25전쟁에서
대한민국을 구한
영웅들

보석보다 찬란한
자유대한민국을 사랑하는 _____ 께
주님의 이름으로 드립니다.

▲1951년 6월 9일 한국 경기도 고양 행주에서
남동생을 업고 있는 소녀.
뒤로 미군 M-26 전차가 보인다.

동족상잔의 비극
6·25 전쟁의
진실

6·25 전쟁은 우리 한국 민족사뿐 아니라 세계 역사까지 굽이지게 틀어 놓은 국제적인 대 환란이었다. 3년 1개월 2일(1950. 6. 25~1953. 7. 27)에 걸친 동족상잔의 비극과 동서양 대 진영의 투쟁을 돌아보면서 특히, 6·25 전쟁에 대해서 올바른 지식이 없는 동시대를 함께 사는 어린이, 청소년, 젊은이, 어른 세대에게 역사적 교훈은 거저 얻어지는 것이 아니라, 피로 얼룩지는 엄청난 희생의 대가를 통해서만이 얻어질 수밖에 없다는 점을 확실히 알리고 다시는 이 땅에서 동포끼리 서로의 가슴에 총부리를 겨누며 지옥을 방불케 하는 참혹한 비극이 되풀이되지 않도록 힘쓰며 최선을 다해 노력해야 할 것이다.

한민족은 오랜 역사와 문화적 전통을 지닌 통일 민족국가다.

하지만 주변 강대국들이 식민지 쟁탈전을 전개하면서 한반도는 위기에 처하게 됐다.

ㅋㅋ

꿀꺽.

어떤 나라든 침략해서 뺏어버려!

먼저 차지하면 우리 땅이다.!

1910년 8월 22일. 일본이 대한 제국을 침략했다.

으악!

퍽

일본은 강제로 〈한일합병조약〉을 체결해 대한 제국을 약탈했다.

매국노 이완용

통감 데라우치

제1조.
한국 전부에 관한 일체의 통치권을 완전히 또 영구히 일제에게 넘긴다.

도장!

꾹.

대한 제국은 일본이 통치한다!

말도 안 돼.

나라가 사라졌어!

우 우 우

일제는 대한 제국의 국권침탈 행위를 감추고 한일합방이라고 주장했다. 그러나!

이날은 경술국치일로도 불린다.

무슨 뜻이죠?

國恥

1910년 경술년에 당한 국가적인 치욕 사건이라는 의미야.

그때부터 36년 동안 일본이 통치하는 일제강점기가 이어졌다.

한국은 우리 맘대로 다스린다!

1943년 11월 27일, 미국·영국·중국 등 3개국의 정상이 참석한 〈카이로 회담〉이 열렸다.

장제스

루스벨트

처칠

식민지 상태의 한국을 독립시키기로 합의합시다.

찬성합니다!

1945년 2월 4일~ 11일, 2차 세계대전 이후를 의논하기 위해 〈얄타 회담〉이 열렸다.

스탈린 루스벨트 윈스턴 처칠

전쟁이 끝나면 한국은 미국, 영국, 중국, 소련 등 4개국이 일정 기간 동안 신탁통치를 거친 후 독립시킵시다.

프랭클린 루스벨트

오케이! 합의합니다.

1945년 8월 6일과 8월 9일, 일본의 히로시마와 나가사키에 원자폭탄이 떨어졌다.

1945년 8월 15일, 일본이 항복을 선언함으로써 제2차 세계대전이 종결되었다.

드디어 한국은 36년 일제 강점기 식민 지배에서 해방되었다.

대한 독립 만세!

와

와

와

만세!

이제 한국 스스로

새로운 나라를 세워봅시다.

그런 상황에서 소련이 한반도 전역을 점령하려고 시도하자 미국이 반대했다.

중간 지점인 북위 38도 선을 경계선으로 정해서 북쪽에는 소련군이, 남쪽에는 미군이 진주하여 일본군을 몰아냅시다.

좋습니다.

그때부터 한국은 미군과 소련군에 분할 점령당한 분단 국가가 되었다.

슬프다. 비극의 시작.

1945년, 소련군은 평양에 진주했고 미군은 서울에 진주했다. 그러나 두 나라의 생각은 달랐다.

소련군
•평양
• 서울
미군

38도선은 일본군의 무장해제를 위해 임시로 정한 것이다.

미국
쭈욱

38도선을 만든 후 북쪽을 서서히 소련처럼 만들어야겠다.

소련

미국과 소련이 한반도 문제를 해결하지 못하자 결국 이 문제는 국제연합 유엔(UN)으로 이관되었다.

찡

한국에서 유엔 감시아래 <통일한국의 정부>를 수립하기 위한

총선거를 실시합시다.

미국

새로운 정부가 수립되면 미국·소련 양군은 철수합니다.

그러나 소련은 <통일한국 정부> 수립 총선거에 반대했다.

안돼!

북한에서의 유엔 활동을 반대합니다. 우리 맘대로 할 것입니다.

소련

1948년 2월.

그렇다면 총선거가 가능한 남한에서 먼저 선거를 하고 독립정부를 수립합시다.

UN

찬성.

1948년 8월 15일. 유엔의 감시아래 남한에서 먼저 선거가 실시되었고 초대대통령으로는 이승만대통령이 취임했다.

이승만
하나님과 동포 앞에서 나의 직무를 다하기로 맹세합니다.

동포 여러분들도 민족의 행복을 위하여 최선을 다해 주십시오.

소련은 북한에서 소련식의 선거를 실시했고

김일성을 내세워 <조선 인민공화국> 이라는 공산정권을 발족시켰다.
김일성

수단과 방법을 가리지 않고
목표를 이루고야 말겠다.

소련의 도움을 받은 북한군 규모는 점점 커지는구나.

내 목표는 남침을 통해 통일을 성취하는 것이다.

1950년 4월, 김일성은 남침 동의를 얻기 위해 소련 공산당 서기장 스탈린을 찾아갔다.

중국이 동의한다는 조건으로 북한의 남침 전쟁을 승인하겠소.

스탈린

1950년 5월, 김일성은 중국공산당 주석 모택동을 방문해 전쟁 승인을 받아냈다.

알겠소.

군인과 무기를 동원해 당신을 지원하겠소.

모택동

감사합니다. 남한을 불바다로 만든 뒤에 .

통일시키겠습니다.

김일성

북한군은 무섭게 쳐들어왔다.

콰앙.

타타타.

포천 · 춘천 · 강릉 · 인천

한국의 많은 군인은 외박이나 휴가를 나간 상태였다.

맛있다

쩝

북한의 김일성은 6월25일 오후 1시35분 평양방송을 통해 거짓말로 남침을 은폐했다.

치직

치직

남한이 오늘 옹진반도에서 북한을 공격해서 북한이 반격했습니다.

이 전쟁은 남한을 해방시켜 <조선민주주의인민공화국>으로 통일을 성취할 전쟁입니다.

돌격
앞으로!

사정없이 공격 하라우!

쾅 쾅 쾅

탕.

1950년 6월 28일, 북한의 기습남침으로 무방비상태의 수도 서울은 3일 만에 힘없이 점령당했다.

서울

7월 5일에는 오산, 7월 24일 대전, 7월 말엔 목포와 진주, 8월 초엔 김천과 포항을 함락시켰다.

오산

대전

쾅 쾅

김천

포항

목포

진주

이승만 대통령과 국군은 서울을 포기하고 남하할 수밖에 없었다.

탕탕탕!
싹 쓸어버려!

쾅

쾅.

쾅.

빨리 남쪽으로 피난 갑시다! 무서워.

엄마!
배고파.

앙.

북한군의 남침으로 38선 전역이 초토화됐을 때 동해에서 승전보가 전해졌다.

타타타타

쿵

대한민국 해군의 첫 전투함 PC-701 백두산 함이 승리했다!

와 !

와

1950년 6월 26일 새벽 1시 38분, 부산 상륙을 위해 침투하던 북한 인민군 선박을 격침한 것이다.

쿵

쾅

백두산 함이 적선을 발견한 것은 6월 25일 오후 8시 20분쯤이었다.

!

남하하는 국적 미상의 괴선박을 발견했습니다.

국적 확인을 위해 1시간이나 추적하면서 신호를 보냈으나

답이 없습니다! 수상합니다.

뚜뚜뚜

뚜 뚜 뚜 뚜 뚜

아직 끝나지 않았다! 31

적선이라고 판단한 우리 해군은 즉시 해군 본부에 보고했다

정체불명의 괴선박을 발견 했습니다!

잠시 후 해군본부로부터 명령이 떨어졌다.

즉시 격침 하라!

백두산 함은 3km 밖의 괴선박을 향해 3인치 주포를 발사했다.

콰콰 콩 콩

괴선박에서도 응사해왔다. 대한 해협 에서 해상 전투가 벌어진 것이다.

쿵쿵쿵 콩 콩

타타타타타

오후 9시 30분부터 시작된 전투 로 괴선박은 마침내 26일 새벽, 울산 앞바다에서 침몰됐다.

쿵

으악!

대한민국 해군의 함포 사격에 명중 된 것입니다.

와! 승리했다!

와

와

평상시에 훈련만 하고 실제 함포 사격을 한 번도 해보지 못했는데

그런 승조원들이 승리했다고?

이것은 완벽한 기적입니다.

와 와

괴선박은 600명의 북한 무장 게릴라 병력을 싣고

부산으로 침투하려던 북한 인민군 특수부대의 선박인 것으로 확인됐다.

타타타 탕

북한은 남침을 시작한 6월 25일에 부산에 상륙, 후방을 교란할 목적으로

부산

인민군 특수부대 요원을 동해상으로 침투시켰던 것이었다.

쿵

아직 끝나지 않았다! 33

만세!

예상치 못했던 대승리다!

해군 본부

출항하기 전 승조원들은 물 한 잔으로 건배하며 승리를 다짐했다.

챙

필승!

죽을지도 모르니 시체만이라도 깨끗하게 전원이 새 군복으로 갈아입어라!

한 번도 실탄 사격을 못해 봤는데

내가 처음 쏜 총이 명중할 줄은 몰랐다.

탕탕탕

만일 그때 괴선박을 발견하지 못하고 북한 특수부대원 600명이 부산에 상륙했다면?

낙동강 방어선이 구축되기 전에 부산은 쑥대밭이 되었을 것이다.

끔찍해!

부산

북한 특수부대의 후방 공격으로 인해 아군이 우왕좌왕했다면

하마터면 대한민국이 사라졌을지도 모를 일이었다.

생각만 해도 소름 끼친다.

대한민국 해군은 1945년 11월 11일 창설됐지만 전투함은 단 1척도 없었고 경비 전함 어업 지도선(목선)뿐이었다.

뚜우우웅

해군 참모총장 손원일 제독은 전투함을 구하기 위해 모금 활동을 전개했다. 해군 장교들 봉급에서 매월 5~10%를 떼어 기금적립을 했고, 장교 가족들은 삯바느질을 해가며 기금조성에 보탰다.

해군의 아버지 손원일 제독

모금한 총 6만 달러를 가지고 미국 해양대학교에서 퇴역한 초계정 <화이트헤드소위>호를 구매한 뒤

와
와

701

2달간 정비 후 1949년 12월 26일 뉴욕에서 명명식을 갖고 <백두산 함>이라는 이름을 붙였다.

멋지다!

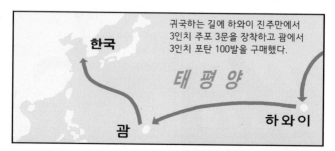

귀국하는 길에 하와이 진주만에서 3인치 주포 3문을 장착하고 괌에서 3인치 포탄 100발을 구매했다.

한국

태 평 양

괌

하와이

1950년 4월 10일, <백두산 함>이 하와이를 거쳐 한국에 들어왔다.

역사적인 순간이다.

드디어 왔어.

701

뜨으으응

대한민국 해군이 보유한 자랑스러운 첫 전투함 이었지만 내용은 초라했다.

....

701

그러나 이 <백두산 함>이 두 달여 만에 부산으로 침투하려던

쿵 쾅

적의 특수 게릴라 부대를 섬멸 할 줄은 누가 알았겠는가?

정말 기적 같은 일이다!

대한민국 해군 만세입니다!

미국은 소련을 의심했다.

6.25 한국 전쟁은 북한이 단독으로 일으킨 것이 아니다.

소련은 한국을 공격한 다음엔 일본, 그 다음엔 미국을 공격할 것이다. 가만 둘 수 없다.

1950년 6월 25일, 미국은 유엔(UN) <안전보장 이사회>를 소집하고 북한군의 불법 전쟁행위를 중지하라고 결의했다.

NO!

북한의 무력공격은 평화를 파괴하는 침략행위입니다.

북한은 즉시 전투행위를 중지하고 그 군대를 38선으로 철군시킬 것을 요청합니다.

동의합니다!

유엔 회원국들은 한국에 원조하십시오. 북한은 어떤 원조도 중지하십시오.

동의.

즉시 지원하겠습니다.

이렇게 구성된 16개국 유엔군들은 한국에 병력과 장비를 지원하였다.

벨기에

미국

룩셈부르크

캐나다

영국

프랑스

네덜란드

필리핀

태국

남아공화국

에디오피아

터키

그리스

뉴질랜드

콜롬비아

호주

1950년 6월 27일.

북한군을 남한에서 반드시 격퇴하십시오.

트루먼

알겠습니다. 반드시 승리하겠습니다.

38 잊혀진 전쟁 6·25

북한군이 미아리고개를 넘어서면서
국군 방어선이 돌파되었다.

콩

콩

콩

콩

콩

비상입니다!
서울 최후의 방어선
이 무너졌습니다.

매우 심각한 상황
입니다!

북한군의 진격을
늦춰야겠다.

한강교를
폭파하라!

채병덕
소장

넷! 알겠습니다.

1950년 6월 28일 새벽 2시 30분경,
국군은 한강인도교와 함께
3개의 철교를 폭파했다.

콩

콩

콩

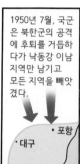

1950년 7월, 국군은 북한군의 공격에 후퇴를 거듭하다가 낙동강 이남 지역만 남기고 모든 지역을 빼앗겼다.

포항
대구
부산

총 공격 하라우! 9월 안에 전쟁을 끝내자!

더 이상 물러설 곳이 없는 최후의 상황이다! 돌격하라!

한국 정부는 부산을 임시 수도로 정하고 낙동강 일대에 최후 방어선을 구축했다

목숨 걸고 지켜야 한다!

더 이상 밀리면 안 돼.

1950년 8월 1일부터 9월 24일까지 국군과 유엔군이 낙동강 부근에서

북한군의 공격을 방어한 〈낙동강 전투〉가 벌어졌다.

1950년 7월 20일, 김일성은 수안보까지 내려와 명령했다.

8월 15일까지 반드시 부산을 점령해야 한다! 알겠지?

경상도는 거의 점령했다!

대구와 부산만 삼키면 된다! 공격!

낙동강 전선이 뚫리면 대한민국이 끝장난다!

목숨 걸고 사수하라!

전원 돌격하라!

와 와 와

와

탕

낙동강 전투로 북한군은 7만여 명의 병력을 잃었지만 공격은 9월에도 이어졌다.

쿵 쾅 쿵

포기할 수 없다! 동무들 다시 공격하라우!

탕

타타타타타타

국군은 북한군에 밀리다 낙동강 지역에 방어선을 구축했다.

다부동이 뚫리면 전쟁에서 승리하기 힘들 것이다!

목숨 걸고 이곳을

지켜야 한다.

다부동 전투는 6.25전쟁 당시 가장 치열했던 전투로 꼽힌다.

대한민국 국군이 대구로 진출하려던 북한군의 공세를 저지시킨 전투이다.

북한군은 낙동강 방어선을 뚫기 위해 백선엽 장군이 사단장이었던 국군 1사단을 공격했다.

국군들은 굶주림에 점점 지쳐갔고 공포에 질려 하나 둘 무단이탈을 했다.

이제 더 이상 못 버티겠습니다.

우리는 후퇴하겠습니다.

후다닥

그때 국군 1사단 백선엽 장군이 공포에 질린 병사들 앞에 나섰다.

나라가 망하기 직전이다.

미군들도 싸우고 있는데 우리가 후퇴 할 수는 없다.

쿵 쿵 쿵

......

내가 등을 돌리면 나를 쏴라. 내가 앞장 서겠으니

제군들이여 나를 따르라!

알겠습니다!

장군님과 함께 반드시 승리하겠습니다!

충성!

돌격! 백선엽 장군을 따르라!

탕 탕 탕 탕 탕

그렇게 힘을 낸 국군 제1사단은 다부동 전투에서 북한군 3개 사단을 격퇴하고 승리를 거두었다.

만세! 드디어 승리했다!

와아아

다부동 전투에서 북한군은 5,690여 명, 국군과 미군은 3,500여 명이 전사했다.

전쟁은 역전됐다! 이제 희망이 보인다.

국군과 유엔군이 낙동강 전선을 고수함으로써 인천상륙작전을 감행할 수 있었다.

와아아아 와아아아

1950년 6월 29일, 도쿄에 있던 맥아더 장군은 북한군과 치열한 전투가 벌어지던 서울 영등포의 한강 방어선을 시찰한다.

진지에서 당시 스무 살이던 한 병사와 맥아더 장군이 만났다.

병사! 다른 부대는 다 후퇴하는데 자네는 왜 방어선에서 물러서지 않는가?

쿵

상관의 명령 없인 절대 후퇴하지 않는 게 군인입니다.

쿵

쿵 쿵

철수 명령이 떨어지기 전까지 죽어도 여기서 죽고, 살아도 여기서 살 것입니다.

!

대단한 민족이구나.
내가 이 나라의 자유
를 찾아주어야겠다.

소년 병사에게
훌륭한 군인이라
전해주시오.

그리고 약속합니다.
일본으로 돌아가는
즉시 지원군을 보내
주겠습니다.

한국은 부산 근교만 남기고
대부분 북한군에게 빼앗겼다.

인천은 섬이 많아서 쉽지
않을 겁니다. 적의 기뢰도
많고 갯벌도 걱정입니다.

전방과 후방을 단절
시켜 보급로를 끊기
위해서는 인천을
공격해야겠다.

● 인천

굿!

현재 상황을 뒤집을 카드는
기습적인 상륙 작전뿐이다.

국군은 인천 상륙작전 실시에 맞추어 북한군을 교란하기 위해 인천과 정반대 방향인 경북 영덕군 장사리 일대에 상륙작전을 시도했다.

돌격하라!

타타타타

타타타타타타

펑 펑

촤아아

그러나 유격대와 전투 경험이 없는 772명의 학도병들을 태운 LST 문산 호는

악천후 속에서 좌초하고 만다.

아악!

쿵

쾅

발사!

깡그리 죽이라우!

타타타타타 탕

탕

타타타타타타 탕

그때 북한군의 대대적인 공격을 받고 평균 나이 17세, 훈련 기간 단 2주에 불과했던 많은 학도병들이 희생되었다.

......

7일 넘게 방어한 장사리 상륙작전은 인천 상륙작전의 성공과 북한군 전력 약화에 큰 힘이 됐다.

쿵 ☆ ☆

하지만 장사리 상륙작전은 악전 고투 끝에 성공하여 북한군의 주요 보급로인 7번 국도를 차단했다.

절대 포기 할 수 없다.

휘이이

끝까지 지켜야 돼.

정말 중요 하고

의미 있는 전투였다.

잊지 않겠다.

인천 상륙 작전이 성공한 뒤, 장사리 아군 구조작전이 진행되어 철수 했지만 전사 139명, 포로 39명의 막대한 피해는 막을 수 없었다.

맥아더 장군은 성공률 1/5,000이라는 인천상륙작전을 시도한다.

9월 15일이 디데이다.

맥아더의 작전대로 켈로 부대가 먼저 착륙했다. 인천 앞바다 팔미도에 등대가 점화되면서 공격 사인이 내려졌다.

콰앙

타타타타

콰앙

맥아더 장군의 진두 지휘아래 1개 군단 병력이 투입된 인천상륙작전은 대 성공으로 끝났다.

졌다.

전쟁 발발 3개월 만인 9월 27일, 연합군은 서울을 탈환했고 9월 말까지 북한군을 모두 물리쳤다.

와
와
와

서울을 다시 찾았다!

와

UN 군이 진격하여 38°선에 접근하게 되자 긴급 명령이 떨어졌다.

북한으로의 진격을 승인 합니다.

10월 7일, UN 총회에서 북한 진격을 허용하는 결의안이 통과되자 한국군과 맥아더장군, 유엔군이 북진을 시작했다.

한국

전 병력을 투입해 압록강과 두만강까지 진격하라!

와

그러나 이러한 계획은 중국군의 참전으로 빗나가고 말았다.

와
와
와

국군과 UN군이 압록강까지 진격하자 중국은 북한의 요청을 받아들여 3차에 걸쳐 100여만 명의 군대를 파병했다.

쾅

쿵

돌격!

콰쾅

앞으로 진격하라!

타타타타

탕!

저게 뭐야? 개미 떼처럼 몰려드는구나.

중국군의 개입과 동시에 북한군은 38선을 남하해 공격했다. 1951년 1월 4일, 서울이 다시 북한군에게 점령되었다.

한국 정부와 국군, 피난민들과 UN군은 남쪽으로 철수하였다.

1.4후퇴

미군 1 해병사단이 북한의 임시 수도인 강계를 점령하려다

오히려 장진호 근처의 산속에 매복한 중공군에 포위되었다.

(7개 사단 병력, 12만 명 규모)

탕탕

콰

탕

탕

타타타타타

미 연합군 3만 명, 중공군 15만 명이 대치한 장진호 전투는 전사자보다 동사자가 더 많은 끔찍한 전투였다.

영하 40도의 추위.

얼어 죽겠다.

덜덜덜

칠흑 같은 어둠 속에서 치열한 육탄전이 계속됐다.

죽여라! 돌격.

이 전투로 미군은 2,500여 명, 중공군은 25,000여 명이 전사했다.

그러나 아군은 전멸 위기를 겪었다가 후퇴에 성공했다.

아군의 철수는 1950년 11월 27일부터 2주간 계속되었다.

휘이이이이

이 후퇴작전을 통해 미군은 중공군의 남하를 지연시켰다.

한국군과 유엔군, 피란민 등 20만 명이 이 후퇴작전으로 남쪽으로 철수할 수 있었다.

휘이이이이이

우리는 후퇴하는 것이 아니라 다른 방향으로 공격하는 것이다.

— 스미스 장군

만약 미군이 장진호에서 몰살당했다면?

그렇다면?

한반도는 다시 공산군에 점령되었을 수도 있었다.

그래서 장진호 전투가 대단한 것입니다.

장진호 전투 이후 중공군에 의해 전세가 불리해지자 UN군 사령부는 흥남에서 부산으로 철수를 지시했다.

흥남

부산

이것이 1.4 후퇴의 시작입니다.

1.4 후퇴

함경도 지역의 병력과 피난민이

남쪽으로 내려갈 육로가 끊겼다.

배로 철수해야 한다.

흥남부두 철수작전은 193척의 군함으로 군인 10만 명, 민간인 10만 명을 남쪽으로 탈출시킨 사건이다.

배고파 엄마.

배에 있는 무기를 다 버리고 피난민을 태우세요.

굳세어라 금순아.

승선자: 14,005명.

엄청나게 많이 탔구나.

와글 와글 와글

무려 정원의 230배가 탔어.

메러디스 빅토리호의 라루 선장은 최대한 많은 피난민을 태웠다.

흥남부두는 마지막 선박이 철수 한 뒤 공산군이 사용하지 못하도록 폭파했다.

쾅

콰쾅

쾅!

피난민들이 도착한 부산에는 이미 백만 명의 피난민들이 살고 있어서

꼬르륵.

메러디스 빅토리호는 행선지를 거제도로 변경했다.

자유를 향해.

가자!

MEREDITH VICTORY

추위와 굶주림 속에서도 빅토리호 승선자들은 3일간 항해를 계속했다.

좌아아아아

운항 중에는 놀랍게도 배 안에서 5명의 아기가 태어났다.

김치1
김치3
김치2

1950년 12월 25일 크리스마스. 승선자 14,005명은 단 한 명의 희생자도 없이 거제도 장승포항에 도착했다.

그것은 크리스마스의 기적이었다.

와

와

와

감사합니다.

드디어 살았다.

MEREDITH VICTORY

3 3

메러디스 빅토리호는 기적의 배로 세계 기네스북에 등재되었다.

최고!

TH VICTORY

GUINNESS
WORLD RECORDS

한 척의 배로 가장 많은 생명을 구출한 세계최고기록.

1953년 7월 27일 판문점, 북한과 중국, 그리고 연합군을 대표하여 미국이 정전협정을 체결하였다.

1951년 7월부터 2년 동안 휴전협정이 진행됐지만 대한민국은 제외됐다.

협정의 체결 주체가 아니었다.

미국
북한
중국

대한민국

6·25 전쟁은 휴전 상태로 들어가고

접근금지

통일을 원하는 국민들이 반대 시위를 했지만 분단은 굳어졌다.

와

분단절대반대

반대

남북 분단 절대 반대!

휴전 협정 반대!

조국 아니면 죽음

아! 슬프다.

와

절대 반대

반대

다행인건 유엔군들과 국군이 흘린 피의 대가로

대한민국은 자유민주주의 국가가 됐다.

하마터면 우리도 공산국가에서 자유도 없이 고통 당하며 살았을 거야.

끔찍해.

아직 끝나지 않았다! 57

3년 1개월 2일간 계속된 6.25 전쟁
으로 인한 인명피해는 약 450만 명에
달한다.

동족상잔

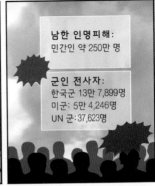

남한 인명피해:
민간인 약 250만 명

군인 전사자:
한국군 13만 7,899명
미군: 5만 4,246명
UN 군: 37,623명

이 땅에는 아직도 남북으로 흩어져 만나지 못하는 이산가족이 존재한다.
기억하라! 남침으로 시작된 끔찍한 6.25전쟁은 지금 휴전 중이다.

전쟁은 아직 끝나지 않았다.

'영화 포화 속으로' 원작

"학도병아 잘 싸웠다."

1950년 8월11일 학도병 71명, 포항여중에서의 결사항전

74년 전 8월 11일 포항여중에서의 치열하고 처절했던 11시간 30분의 피의 전투는 확실하게 잘 싸웠고 나라를 잘 지켰으며, 백 번, 천 번, 만 번이라도 '잘했다' 칭찬 들어 마땅하며, 청사에 길이길이 빛날 피와 땀과 눈물의 전투였다.

6.25전쟁 속에서 수없이 산화한 학도병의 부분적인 기록이지만, 6.25전쟁과 같은 동족상잔의 비극이 다시는 발발하지 않도록 경각심을 고취시키고 있다는 점에서 이들의 희생은 너무나 숭고하고 귀하다.

▲김만규 목사(생존하는 학도병)의 저서 학도병아 잘 싸웠다! 를 바탕으로 만든 김동실화 영화 '포화 속으로' 포스터(2010년 6월 10일 개봉)

조국이 풍전등화의 경각에 놓였을 때, 조국과 민족을 지키고자 과감히 전장에 뛰어들어 죽음을 불사하고 공산군과 싸우다 장렬히 산화한 어린 학도의용군들의 반공정신과 우국충정, 애국심을 다시 고취시키며 그들의 호국정신을 우리 후손 만대 기려야 할 것이다.

자유민주주의를 지키기 위해 중, 고, 대학생들이 학도병으로 군대에 자원했다.

조국이 위기에 빠졌는데 보고 있을 수만은 없다.

저희도 싸우겠습니다!

학도병들은 전쟁 시작 3일 후부터 기꺼이 전쟁터로 나섰다.

조국이 없으면 우리도 없다. 나라를 지켜야 한다.

군번은 없지만 국가를 위해 목숨을 바치겠습니다.

와아아아아

처절한 전쟁 속에서 학도병 5만 여명이 공산군들과 싸웠고 수많은 학생들이 희생당했다.

물러설 수 없다!

공격하라!

타타타타

탕

악.

퍽!

당시 포항에는 많은 군수물자와 비행장도 있었다.

심각하군.

포항이 뚫리면 경주, 울산까지 속수무책으로 당할 텐데.

부우우웅

북한군은 장갑차와 기관포, 자동소총으로 무장한 12사단, 5사단, 유격 766 부대 등 2만 5천여 명이 몰려왔다.

와

와

불과 2개 소대밖에 안 되는 학도병들은 후퇴도 거부한 채 목숨을 걸고 끝까지 싸웠다.

악

퍽

이 자리를 끝까지 지켜야 한다!

와

물러설 수 없다!

돌격하라!

와

와

애국

애국

학도병들은 실탄이 떨어지자
북한군이 던진 수류탄을
주워서 다시 던지기도 했다.

슈우우우우

콰쾅

급기야 사단사령부에 지원을
요청했지만 통신은 되지 않았다.

아무 소리도
안 들려.

이제 육탄전뿐
이다. 절대 포기
할 수는 없어.

탕.

조국에 목숨을
바치자! 공격!

다 죽여!
돌격!

쿵   퍽   팍

학도병들이 싸우는 동안에 포항 시민
20여만 명이 피난을 했고 국군은
재정비를 할 수 있었다.

포항여중전투에서 학도병들은 교복 차림 그대로 48명이 전사했고 대부분 부상, 실종됐으니 사실상 전멸한 셈이었다.

으...

호으호

아.

그중에 학도병으로 참가한 이우근 학생은 죽기 전에 뜻깊은 글을 남겼다. (17세, 서울 동성중 3학년)

어머니! 나는 사람을 죽였습니다.

같은 피를 나눈 동족이라고 생각하니 가슴이 답답하고 무겁습니다. 적군은 너무나 많습니다.

우리는 겨우 71명입니다.

아직 끝나지 않았다! 65

어머니께 보내는 편지 서울 동성중학교 3년 학도병 이우근

어머님! 나는 사람을 죽였습니다. 그것도 돌담 하나를 사이에 두고,
十여 명은 될 것입니다.
저는 二명의 특공대원과 함께 수류탄이라는 무서운 폭발 무기를
던져 일 순간에 죽이고 말았습니다. 수류탄의 폭음은 저의 고막을
찢어 놓고 말았습니다. 지금 이 글을 쓰고 있는 순간에도 제 귓속은
무서운 굉음으로 가득 차 있습니다.
어머님, 괴뢰군의 다리가 떨어져 나가고, 팔이 떨어져 나갔습니다.
너무나 가혹한 죽음이었습니다. 아무리 적이지만 그들도 사람이라
고 생각하니 더욱이 같은 언어와 같은 피를 나눈 동족이라고 생각
하니 가슴이 답답하고 무겁습니다.
어머님! 전쟁은 왜 해야 하나요. 이 복잡하고 괴로운 심정을 어머님
께 알려 드려야 내 마음이 가라앉을 것 같습니다. 저는 무서운 생각
이 듭니다. 지금 제 옆에는 수많은 학우들이 죽음을 기다리고 있는
듯, 적이 덤벼들 것을 기다리며 뜨거운 햇볕 아래 엎디어 있습니다.
저도 엎디어 이 글을 씁니다. 괴뢰군은 지금 침묵을 지키
고 있습니다. 언제 다시 덤벼들지 모릅니다.
저희들 앞에 도사리고 있는 괴뢰군 수는 너무나
많습니다. 저희들은 겨우 七명 뿐입니다.
이제 어떻게 될 것인가를 생각하면 무섭습니다.
어머님과 대화를 나누고 있으니까 조금은
마음이 진정되는 것 같습니다. 어머님 어서 전쟁이 끝나고 "어머니

이!"하고 부르며 어머님 품에 덥썩 안기고 싶습니다.

어제 저는 내복을 제 손으로 빨아 입었습니다. 비눗내 나는 청결한 내복을 입으면서 저는 한 가지 생각을 했던 것입니다. 어머님이 빨아주시던 백옥 같은 내복과 제가 빨아 입은 그다지 청결하지 못한 내복의 의미를 말입니다.

그런데 어머니! 어쩌면 제가 오늘 죽을지도 모릅니다. 저 많은 적들이 저희를 살려두고 그냥은 물러갈 것 같지가 않으니까 말입니다. 어머님, 죽음이 무서운 것은 결코 아닙니다.

어머니랑 형제들도 다시 한번 못 만나고 죽을 생각을 하니, 죽음이 약간 두렵다는 말입니다.

허지만 저는 살아야겠습니다. 꼭 살아서 돌아가겠습니다. 왜 제가 죽습니까, 제가 아니고 제 좌우에 엎디어 있는 학우가 제 대신 죽고 저만 살아가겠다는 것은 절대로 아닙니다. 천주님은 저희 어린 학도들을 불쌍히 여기실 것입니다.

어머니 이제 겨우 마음이 안정이 되는군요. 어머니, 저는 꼭 살아서 어머님 곁으로 달려가겠습니다. 웬일인지 문득 상추쌈을 재검스럽게 먹고 싶습니다. 그리고 옹달샘의 이가 시리도록 차거운 냉수를 발칵벌칵 한없이 들이키고 싶습니다. 어머님! 놈들이 다시 다가오는 것 같습니다. 다시 또 쓰겠습니다. 어머니 안녕! 안녕!

아뿔싸 안녕이 아닙니다. 다시 쓸 테니까요....

그럼.... 이따가 또....

당시 전쟁의 참담함과 어머니에 대한 절실한 그리움을 담고 있는 어린 학도병의 마지막 편지는 끝내 부쳐지지 못한 채 그가 전사한 다음날 핏자국에 얼룩져 글씨도 알아보기 힘든 상태로 주머니에서 발견 되었다고 합니다.

학도병들은 제대로 된 훈련 한번 받지 못했다.

전투 경험도 없었지만 자진해서 모여들었다.

쿵 쿵 쿵

북한군의 주력부대가 들이닥치자 국군 3사단 사령부는

북한군 쾅

당시 국군과 학도병 사이에 연락병 역할을 하던 김만규 (15세)에게

명령!

사단사령부를 사수하라는 작전명령과 71명의 학도병 을 포항여중에 남겨둔 채

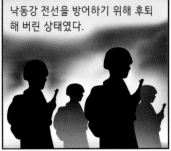

낙동강 전선을 방어하기 위해 후퇴 해 버린 상태였다.

새벽 3시부터 시작된 북한군과의 전투는 11시간 30분 동안 계속됐다. 탕탕탕

그 시간은 아군이 다시 반격을 준비할 수 있는 금쪽같은 시간이었다.

만약, 학도병들이 견디지 못하고 포항여중 전투에서 처참하게 무너졌다면 쾅 쾅

북한군이 단숨에 포항으로 들이닥쳤을 것이다.

접수!

학도병의 결사항전이 없었더라면 탕탕탕탕

포항 부두에 산더미같이 쌓아놓은 아군의 군수물자도 약탈당했을 것이다.

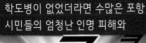

학도병이 없었더라면 수많은 포항 시민들의 엄청난 인명 피해와

영일만 아군 비행장의 위협도 가중되었을 것이다.

학도병들은 총알이 떨어지자 빈총을 집어 들고

최후의 돌격인 육박전으로 싸울 수밖에 없었다.

그러나 학도병들은 대부분 죽거나 포로가 되었다.

드디어 전투가 멈추었고 수많은 시체들이 운동장에 가득했다.

이날 학도병은 48명 전사, 행방불명 처리 10명, 13명은 적의 포로가 되었다.

북한군은 학도병에 의해 350명이 사살되었다.

350명

치열한 전투가 끝난 후 일부 학도병들은 포로가 되어 끌려갔고

收容所

포로수용소에서 10일간 고생을 하다가 총살을 당하게 되었다.

학도병 포로 중에 대구 봉산 교회 주일학교를 다녔던 김만규는 울면서 간절히 기도했다.

하나님 한 번만 살려 주이소!

바로 그때였다.

타타타
타타타

갑자기 유엔군 전투기가 나타나 폭탄을 퍼붓고 기총 사격을 가하자

북한군의 총살 집행이 중지되었다.

학도병들은 구덩이에 뛰어들어가 숨어 있었다.

잠시 후 두 번째 총살이 집행될 때 엄청난 폭우가 쏟아졌다.

그 덕분에 기회가 찾아왔다.

김만규 학도병은 칠흑 같은 어둠을 뚫고 다른 학도병과 함께 탈출했다.

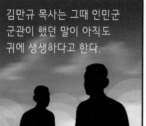

김만규 목사는 그때 인민군 군관이 했던 말이 아직도 귀에 생생하다고 한다.

동무들은 말이 지비 게딱지처럼 땅에 딱 달라 붙어 서리!

우리를 괴롭힌 아주 악질 반동들 임메!

국가를 위해 몸을 바친 학도병들의 희생은 너무나 위대하고 숭고하다.

학도병들의 애국심을 기억하고 존경해야 한다.

學徒兵

그들의 희생이 대한민국의 자유를 지켰기 때문이다.

6·25전쟁으로
국가가 위기에 처했을 때,
우리의 선배 학도병은
국가를 위해 목숨을 바쳤습니다.

지금, 우리는 75년 전 그날의 앳되고 젊은 학도병들이
흘린 고귀한 피의 터전 위에서 자유민주주의를 마음껏 누리며
평안하게 살아가고 있다는 점을 한시라도 잊어서는 안 된다.

우리가 지금 누리고 있는 이 풍요로움과 자유는
결코 거저 얻어진 것이 아니다.
그 전장의 한복판에서 자유를 수호하기 위해
쏟아지는 포탄과 빗발치던 총탄 속에서 피범벅이 되어
이리, 저리 나뒹굴던 어린 학도병들의 처절했던 피의 절규,
땀의 대가임을 되새기며 기억해야 할 것이다.

6·25전쟁에서 잊지 말아야 할,
학도병들의 숭고한 정신과 고귀한 희생!

'살아 있는 자의 의무는 기억하는 것이다.'

義勇千秋 의용천추

"의로운 용기는 천년만년 간다."

義勇千秋

學徒兵實戰記念出版記念
一九七四年七月 日
大統領 朴正熙 書

1974년 7월 12일,
학도병을 기린 박정희 대통령의 휘호

포항여중에 세워진
학도의용군 명비

6.25 참전 여성 의용군

국가의 위기 상황 속에서 자신의 청춘과 목숨을 걸었던
그녀들이 있기에 지금 우리와 미래가 있습니다.

▲ 1950년 9월 여성 의용군교육대 창설 당시
모습

▲ 여성 의용군 행진

▲ 여성 의용군 훈련

6.25 전쟁에서 잊지 말아야 할,
학도병들의 숭고한 정신과 고귀한 희생!

'살아 있는 자의 의무는 기억하는 것이다.'

두 편의 짧은 기록(장사리 전투, 포항여중 전투)이지만,
이를 통해서 오늘을 사는 청소년을 비롯한
젊은 세대들과 어른 세대들이, 이들의 희생으로 누리는
자유의 소중함을 조금이라도 일깨웠으면 하는 바람이 간절하다.

나라를 지키기 위해 목숨을 버린
학도병들의 용기를 기억합니다.
대한민국 만세!!
학도병 만세!!

낙동강 방어 작전 (1950. 8. 6~9. 14)

"나를 쏴라!"

한반도의 운명을 건 낙동강 방어 전투가 북한군 24만 명과 한미 연합군 18만 명이 240km의 낙동강 방어선에 전개되었다.

북한군은 무신론 공산주의의 인명 경시 사상으로 무제한 소모전으로 공격해 왔고 한국은 국가 총동원으로 민 · 관 · 군이 일체가 되어 대한민국을 지켜냈다.

▲ 낙동강의 방어선 진지로 이동하는 미군 대열. 1950. 8.

▶ 낙동강 전선에서 미 제24사단을 방문한 워커(오른쪽) 미 제8군 사령관이 처치 미 제24사단장과 작전을 협의하고 있다.
뚝심 있는 명장이었던 워커 장군에게도 1950년 8월 끝자락은 가혹한 위기의 순간이었다.

▲ 낙동강 전투가 한창이던 때, 미 8군사령관 워커(왼쪽) 장군이
콜린스 미 육군참모총장을 안내, 전선시찰

▲ 1950. 8. 29, 미 제25사단 한 병사가 대구북방
20마일의 낙동강 전선, 마을에 숨어있는 적 저격병을 향하여
수류탄을 던지고 있다.

▲ 1950년 8월 28일 전우가 전사하는 것을 목격한 한
미국 신병이 다른 동료의 어깨에 얼굴을 묻고 흐느끼고 있는 모습.(AP Photo)

▲ 1950. 8. 31. 미 해병대원들이 돌보고 있는
두 전쟁고아 한국 소녀들이 전투 중, 철모를 쓰고 참호 속에 대피하고 있다.

우남 이승만 대통령 밤마다 금식, 통곡하며 기도

우남은 하나님이 대한민국을 지켜 주심과 대한민국의 발전과 번영을 다부동 위기 때도 한 치의 의심도 없이 믿었다.
이 믿음에 하나님이 응답하시고 갖가지 전장의 기적을 주시고 한미 연합군이 불굴의 의지로 전선을 지켜냈다.

절체절명의 낙동강 전선의 위기에 이승만 대통령은 낮에는 대구와 부산을 오가면서 국민 총동원령을 내리고 미군과 유엔에 외교사절단을 급파하고 미군의 신속한 행동을 요구하며 전선을 격려 방문하는 등 정신없이 바쁜 나날에도 매일 밤 절규하며 기도했다. '하나님 전선에 우리 아이들을 보살펴 주옵소서.' 당시 우남은 대구의 교회에서 하나님은 언제나 정의의 편에 계신다며 자

우남은 밤마다 금식하며 통곡하며 기도했다. 미군이 좀 더 신속하게 증원되게 하시고 우리 국군들을 지켜주셔서 이 나라를 구원케 하여 주옵소서.

유와 정의를 위해서 이 땅에서 피 흘리는 젊은이와 우방 군을 하나님의 은혜로 보살펴 달라고 기도했다. 그리고 성도들에게 구국의 기도를 요청했다.

우남은 밤마다 금식하며 통곡하며 기도했다. 미군이 좀 더 신속하게 증원되게 하시고 우리 국군들을 지켜주셔서 이 나라를 구원케 하여 주옵소서. 또한 언제나 성도들을 만나면 하나님이 우리를 지켜주시니 아무리 강한 적이 와도 기어이 물리칠 수 있다는 믿음을 갖도록 격려했다. 울어도 못하고 힘써도, 참아도, 못하지만 믿으면 된다는 찬송가처럼 우남은 하나님이 대한민국을 지켜주심과 대한민국의 발전과 번영을 다부동 위기 때도 한 치의 의심도 없이 믿었다. 이 믿음에 하나님이 응답하시고 갖가지 전장의 기적을 주시고 한미 연합군이 불굴의 의지로 전선을 지켜냈다.

낙동강
방어선 전투

1950년 6월 25일, 기습적인 남침을 감행한 북한은

무기와 훈련이 부족한 국군을 무차별 공격했다.

3일 만인 6월 28일 서울, 7월 24일 대전, 7월 말 목포와 진주가 함락됐다.

개성
38도선
서울
강릉
대전
왜관
포항
전주
대구
부산
광주
목포

7월 23일 광주, 7월 26~27일 여수 등 대한민국의 방어선은 무너져 낙동강까지 후퇴한다.

이 시기 북한은 대한민국의 90%를 점령하고

마지막 남은 대구와 부산마저 손에 넣고자 파죽지세로 밀어붙였다.

콰

콰

돌격!

1950년 8월의 낙동강 전선.

북한군은 전차를 앞세운 5개 사단을
투입해 파상공세를 가했고

콰쾅 콰쾅

이를 방어하는 한미 연합군은
보병, 전차, 포병, 항공이
연결된

입체적 방어전을 펼쳐
북한군을 저지했다.

포병

전차

항공

보병

북한군

이겼다.

낙동강 방어선 전투는 6.26전쟁의
결정적 장면중 하나가 됐다.

다부동 전투

낙동강 방어선 전투는

돌격!

1950년 6월 25일, 북한군의 기습 남침으로 인해 6.25전쟁이 발발한 후

남침
쿵
쿵

8월 1일부터 9월 24일까지 55일 동안 낙동강 일대에서 벌어진 치열한 전투이다.

타타타탕

다부동 전투는 사투 끝에 낙동강 방어선을 지켜내고

방어선

인천상륙작전으로 이어지는 반격의 발판을 마련했다.

서울
인천

다부동 전투는 국군과 유엔군이 목숨을 바쳐 대한민국을 지켜낸 전투이다.

낙동강 방어선의 최전선이었던
왜관과 다부동은

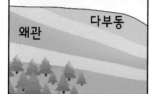

왜관   다부동

대한민국의 임시수도가 있었던
대구로 향하는 길목이기 때문에

대구

북한군은 대구 점령을 위해 공격을
계속하였다.

콰
콰

다부동 지역은 국군과 유엔군이
협조하여 방어했던 곳으로

왜관 일대는 미 제1 기병 사단
이 방어하였고

U.S Army

다부동 일대에는 국군 제1사단이 배치
되어 북한군의 공격을 저지하였다.

KOREA

7월 20일, 김일성은 충남 수안보까지 내려와 지시했다.

8월 15일까지 부산을 점령해 통일전쟁을 끝내라!

이에 따라 북한군은 10여 개 사단, 14만 여명의 병력을 동원해

총공세를 가해 왔다.

돌격!

그러나 국군과 유엔군의 융단 폭격으로 북한군은 막대한 타격을 입었고

쿵 쾅

낙동강 전투는 결국 아군의 승리로 끝이 났다.

8월, 북한군은 왜관- 다부동- 대구 방면을 공격했다.

콰쾅 쾅 쾅

국군이 저항하자 9월에는 모든 방면에서 돌파를 시도했다.

콰쾅 쾅 쾅 콰쾅

아군은 한때 영산, 다부동, 영천 포항을 동시에 돌파당하는

돌격!

위기를 맞기도 했다.

북한군은 진주- 김천- 점촌- 안동- 영덕을 연결하는 선까지 진출해

강력하게 대구를 위협했다.

안동 · · · · · · · · 영덕

김천 · 대구

진주 · 부산

조국 강토에서 미제 침략자들을 소탕하라!

낙동강 방어선은 왜관 칠곡을 기점으로 동북쪽은 국군이, 서남쪽은 미군이 맡았다.

11일간의 전투에서 고지의 주인이 15번이나 바뀌었다.

高地

낙동강 전선이 무너지면 대한민국은 사라질 수도 있다. 공격하라!

8월부터 9월 24일까지 55일 동안 벌어진 낙동강 전투에서

가장 많은 사상자가 발생한 곳이 다부동 전투이다.

이 지역의 현재 행정구역 명칭은 다부동(洞)이 아닌

칠곡군 가산면 다부리(里)가 되었다.

다부동 전투는 전투 당시의 지명을 따라 그렇게 부른 것이다.

다부동을 중심으로 북서쪽과 동쪽에 산이 있는데

유학산   가산

다부동

북한군을 방어하기에 유리한 지역이었다.

절대 사수.

반드시 돌파해야 한다!

공격하라우!

쿵

아직 끝나지 않았다! 93

다부동에서 국군 1사단과 미 27연대, 북한군의 격렬한 전투가 벌어졌다.

콰 쾅

다부동을 빼앗기면 위험하다!

목숨 걸고 사수하라!

1950년 8월 5일, 낙동강을 도하한 북한군 2만여 명이 다부동 일대를 맹렬하게 공격했다.

무조건 돌격!

전진 하라!

와아아아와

백선엽 장군의 국군 제 1 사단과 미 제27연대는

북한군의 절반에도 못 미치는 8천 2백여 명의 병력으로 맞섰다.

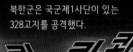

북한군은 국군제1사단이 있는 328고지를 공격했다.

쾅 쾅쾅

이곳이 뚫리면 부산도 위험하다!

방어하라!

부산과 대구로 통하는 교두보를 마련하라!

대구지역을 집중 공격!

까 부수라우!

타타타타타

8월 15일을 전후로 대구 북방의 위기는 절정에 달했다.

아군과 북한군은 낙동강을 사이에 두고 공방을 거듭했다.

30년 만에 가뭄이 들어 낙동강의 수심이 1.5m 이하가 되자

북한군들이 강을 건너 공격하기 시작했다.

와아아아아아~

절대 물러 서지 마라!

돌격!

8월 16일, 위기를 감지한 유엔 사령부는 다부동에 엄청난 양의 폭탄을 투하했다.

부우우우우웅

오키나와에서 B-29 폭격기 5개 편대 98대가 날아와

콩 콰쾅

26분 동안 900톤의 폭탄을 낙동 강변의 북한군 병력 및

콰쾅

군수물자 임시저장소인 구미의 약목 일대에 집중 투하했다.

쾅 쾅

아직 끝나지 않았다! 97

2차 세계 대전 이후 최대 규모의 융단폭격이었다.

미국 공군의 대규모 융단 폭격은 북한군의 전투의지를 꺾어 놓았다.

폭탄 투하 후 북한군은 다 죽고 없을 것이다!

그렇게 생각한 아군은 다시 공격을 시작했는데

돌격!

숨어있던 북한군들이 집중사격으로 반격했다.

타타타타

이 기습으로 많은 아군이 희생됐다.

....

국군은 큰 타격을 입고 병력이 부족해지자

일반인 자원 입대자를 모집했다.

이렇게 모인 15~17세 정도의 소년들이 2만 9천여 명이었다.

소년병들은 일주일 정도의 기본 교육만 받고 전전에 배치됐다.

와아아아

다부동에서는 국군과 유엔군의 연합 작전까지 실시됐지만

북한군을 물리치지 못하고 공방을 계속했다.

쾅 쾅 쾅

아직 끝나지 않았다! 99

18일에는 적의 박격포 탄이 대구역을 강타했다.

결국 정부를 부산으로 급히 옮겨야만 했다.

대구

경남

부산

8월 20일, 미 27연대가 퇴로 확보를 위해 철수하겠다고 통보했다.

철수!

8월 21일, 북한군에게 448고지를 빼앗기자

미 제27연대장 마이캘리스 대령은 백선엽 장군에게 지원을 요청했다.

지금 당장 1사단 장병들을 파견해 주십시오!

결국 백선엽 장군을 비롯한
1사단 장병들은

적군의 3분의 1밖에 되지 않는
전투력의 열세에도

국군   북한군

방어선을 지켜내기 위해 투혼을
불태웠다.

타타타   탕
탕
탕

하지만 북한군은 다부동에만
3개 사단, 화포 670여 문, 전차
20여 대를 동원해

콰   콰

맹렬하게 파상공세를 펼쳤다.

와아아아

물러설 수
없다!

와

방어에 나선 백선엽 장군이 지휘하는 병력은

국군 1사단과 학도병 500명, 172문의 화포가 전부였다.

비교가 안 된다.

사방에서 시신들이 뒹구는 전장에서 고통을 이기지 못하고

일부 장병들이 갑자기 후퇴하는 일도 발생했다.

다다다

두렵습니다! 후퇴!

후퇴는 안된다!

낙동강 전선이 무너지면 대한민국이 무너진다!

물러서지 말라!

백선엽 장군은 병사들이 공포에
질려 퇴각하자 크게 소리쳤다.

주목!

더 이상 물러
설 곳이 없다!

여기서 밀리면 우리
는 부산 바다에 빠져
죽어야 한다.

그러면 대한민국
은 끝장이다. 내가
앞장서겠다!

내가 후퇴
하면 나를
쏴라!

백선엽 장군이 앞으로 달려 나가자 장병들도 용기를 내 북한군을 격파하기 시작했다.

와아아아아

돌격!

와아아

돌격하라!

1사단이 공격하자 북한군들이 크게 당황하고 달아났다.

앗!

국군 지원부대가 왔나 보다!

후퇴하라!

다다다다

그렇게 해서 국군은 목표인 488 고지를 다시 탈환했다.

세계 전사에서 유례가 없는 사단장의 고지 돌격이었다.

백선엽 장군과 1사단의 목숨을 건 사투가 없었다면

타타타타

북한군은 부산까지 밀어붙였을 것이다.

부산

백선엽 장군은 이후 최초로 평양 입성, 서울 재탈환 작전 등으로

타타타

탕

국군 최초로 4성 장군에 올랐다.

낙동강 전투 당시 인근의 주민
들도 지게를 메고 나와

탄약과 식량, 보급품을 고지까지
운반하면서 전투를 도왔다.

이렇듯 민, 관, 군이 하나가 되어
방어한 결과

방어

다부동 지역에 투입됐던 북한군
은 후퇴할 수밖에 없었다.

졌다

끙…

낙동강과 산악지대가 연결된
240km 낙동강 라인은

Walker Line

<워커 라인>이라고도 불렸다.

워커
미 8군
사령관

워커 장군의 임무는 부산 교두보를 확보하고

당시 극비리에 추진 중이던 인천상륙 작전에 호응하여

1950년 9월 15일

즉시 공세 작전으로 전환할 수 있도록 준비하는 것이었다.

7월 29일, 워커 장군은 미 25사단을 방문한 자리에서 말했다.

후퇴는 없다!

Stand or Die!

지키느냐? 죽느냐?

죽는 한이 있어도 무조건 방어하라!

미국 언론들조차 비난할 정도
였으나

워커 장군의
지휘 방식이
지나치게
가혹하다.

그는 단호한 태도로 지휘해 마침내
낙동강을 사수할 수 있었다.

돌격!

또한 <볼링 앨링 전투>라는 이름의
전투도 있었다.

Bowling
Ally

마치 볼링공이 핀을 향하여 미끄
러져 나가는 모양과 같다고 해서
붙은 이름이다.

슈
우

전차의 포탄이 어둠을 뚫고 도로
를 따라 쏜살같이 날아가는
모양이

쾅
쾅

8월 21일, 전차를 앞세운 북한 군이 다부동 계곡으로 몰려왔다.

돌격!

미군 제27연대는 엠 26 전차로 맞섰다.

크르르르

다부동 골짜기에는 쌍방의 전차포 에서 발사된 탄환이

쾅
쾅
쾅

5시간 동안이나 불꽃을 튀기면서 밤하늘을 수놓았다.

쾅

전차 포탄이 어둠을 뚫고 적군 을 향해 날아가는 모양이

볼링공이 나가는 것과 같다고 <볼링 앨리 전투>라고 이름을 붙인 것이다.

슈우우우

아직 끝나지 않았다! 109

대구를 목표로 다부동을 공격
하던 북한군은

75%의 병력을 잃고 도망쳤다.

후퇴!

후퇴하라!

국군 제1사단은 8차례의 공격 끝에
유학산 탈환에 성공했다.

하지만 아군이 두려워했던 것은
북한군이 몰고 온 소련제 전차
였다.

전차에 아군이
많이 당했다!

유엔군도 급히 일본을 통해 전차를
도입했다.

크르 르르르

돌격!

결국 미군과 북한군 사이에 치열한 전차 전이 벌어졌다.

콱!

콱!

결과는 북한군의 완패였고 북한군은 기세가 꺾였다.

악!

쿠쿠쿵

적은 전세를 역전시키고자 한밤중에 사단사령부를 기습했다.

와아아~

1사단장 백선엽을 생포하라!

현상금도 걸었다.

현상수배

백선엽
100,000원

소 1,000마리를 살 수 있는 상금을 주겠다.

이때를 전후해 북한 군인들이 투항하기 시작했다.

항복 합니다.

적들이 무너지고 있다.

승리는 우리 것!

9월 15일, 국군과 유엔군의 인천상륙 작전이 실시되었고

Battle of Inchon

후방이 차단된 북한군은 국군과 유엔군 앞에 무릎을 꿇었다.

탕탕탕

독 안에 든 쥐가 된 북한군은 전투 의지가 꺾이고 말았다.

‥‥

결국 김일성은 북한군 전 부대에 퇴각 명령을 내렸다.

후퇴!

낙동강 방어전투로 사망한 적군은 1만여 명이나 됐다.

낙동강 방어선 전투는 위기에 처한 대한민국을 구한 전투였다.

타타타타

만약 낙동강 방어선에서 국군과 유엔군이 북한군을 막지 못했다면

?

오늘날의 대한민국은 존재 할 수 없을 것이다.

대한민국과 자유 수호를 위해 목숨을 바쳤던 많은 장병들.

그들의 고귀한 희생이 있었기에 우리가 평화를 누리는 것이다.

Peace

북한군을 막아낸 다부동 전투의 승리는

6.25 전쟁의 전환점이 된 인천상륙 작전을 성공하게 만들었다.

다부동 전투는 국군이 다시 북진을 할 수 있도록 만든 전투였다.

북
38선
국군

다부동 전투는 미국 군사학교 교재와 전사(戰史)에도 실렸다.

Battle of Tabu-dong

위대한 승리입니다!

이런 작전은 우리가 배워야 합니다.

다부동 전투는 피로 맺어진 한미 동맹의 상징이 되었다.

우리는 6.25 전쟁과 다부동 전투를 통해 자유의 소중함을 체험했다.

목숨 걸고 자유를 지켜야 한다.

과거의 불행을 잊으면 불행은 또다시 찾아온다.

지금 우리가 누리는 자유는 목숨을 바친 영웅들 덕분이다.

자유를 지키기 위한 전쟁은 지금도 계속되고 있다.

필승!

낙동강 방어선 (1950.8.4~9.15)

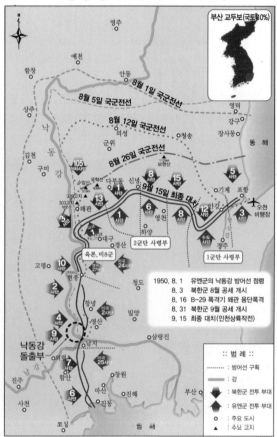

부산 교두보 (국토 10%)

영주

예천

함창   안동   8월 1일 국군전선

상주   8월 5일 국군전선   영덕

        8월 12일 국군전선   청송   강구   장사동   동 해

김천 구미 8월 26일 국군전선   의성   보현산

                                                    5사단

105전차사단 수암산 유학산 다부동 신녕 8사단 15사단   기계   포항

        329고지 303고지 13사단 1사단 6사단 8사단 12사단 오천 비행장

        좌우왕산 왜관 1사단 영천 수도사단   안강   3사단

3사단 대구 경산 2군단 사령부 하양   경주   1군단 사령부

        육본, 미8군   미군 27사단

고령   10사단 현풍 미군 24사단   청도

        2사단   창녕 미군 2사단   밀양

        4사단   영산

        9사단 남지   삼랑진

낙동강 돌출부 의령 7사단 함안

진주   마산 진해 부산

사천   고성   미군 25사단

        여수   6사단   진동

                        남 해

1950. 8. 1 유엔군의 낙동강 방어선 점령
     8. 3 북한군 8월 공세 개시
     8. 16 B-29 폭격기 왜관 융단폭격
     8. 31 북한군 9월 공세 개시
     9. 15 최종 대치(인천상륙작전)

:: 범 례 ::

········· : 방어선 구획
━━━━ : 강
◆ : 북한군 전투 부대
◆ : 유엔군 전투 부대
○ : 주요 도시
▲ : 수뇌 코치

[참고문헌] 「낙동강방어 작전기」, 한국전쟁사 시리즈 3 (국방부, 1970) · 전쟁기념사업회, 「한국전쟁사①」, (행림출판, 1992), 792.

성공확률 5,000:1
인천상륙작전

'인천상륙작전'을 성공시킨
해군첩보부대 작전명
' X-ray '

'인천상륙작전'은 성공확률 5000:1이라는 위험을 무릅쓰고 최악의 조건에서 전세를 역전시켜 패망 직전의 자유대한민국을 구한 작전이다. 더글라스 맥아더 장군의 결단과 용기, 장군 특유의 직관과 지략이 없었다면 절대 불가능했을 것이다. 반면에 엑스레이 작전에 투입된 해군 첩보부대의 활약이 빛을 발했다. 인천은 갯벌이 넓고 조수간만의 차가 크다. 딱 두 시간 만조에 물이 들 때 상륙해야 하는데, 그 사이에 인민군이 대항하면 연합군이 궤멸당할 수 있는 일촉즉발의 위험천만한 상황이었다. 이런 절체절명의 상황에서 인민군의 기뢰매설 지도, 인민군의 방어시설 등의 정보를 목숨 걸고 얻어낸 해군 첩보부대의 활약이 있었다. 이들이 발로 얻은 정보를 가지고 맥아더가 상륙지점을 결정했다.

좌편향 평론가들의 천편일률적인 평가절하에도 불구하고 흥행에 성공한

우수 안보(반공) 추천영화

- 다시 강추 -

반공영화라 나쁜 영화로 보지 말고 이 영화에 깔린 이면'을 봐주는 게 중요하다. 그 이면이 바로 해군 첩보 부대와 켈로 부대원의 사투인데 영화의 가장 큰 주제는 이름도 없이 희생한 켈로 부대가 있어서 인천상륙작전의 성공이있었다는 점을 부각한 것이다.

수십 년이 지나도 꾸준히 연극 등으로 재탄생될 수 있는 게 명작이 지닌 힘이라면 과연 '인천상륙작전'이 그런 텍스트로 남을 만하다. 반공영화 자체를 나쁜 영화라는 공식으로 보는 시각은 문제가 있다는 것이다. 표현의 자유는 모든 이들의 권리지만 이 시점에서 굳이 인천상륙작전이 반공영화이기 때문에 혹평당하는 것은 문제가 된다.

배우 이범수와 이정재가 언론 인터뷰를 통해 밝힌 대로 '반공영화라 나쁜 영화로 보지 말고 이 영화에 깔린 이면'을 봐주는 게 중요하다. 그 이면이 바로 해군 첩보 부대와 켈로 부대원의 사투인데 영화의 가장 큰 주제는 이름도 없이 희생한 켈로 부대가 있어서 인천상륙작전의 성공이

이정재는 반공영화라는 비판과 민감한 이념적 논란에 휩쓸릴 걸 알면서도 "저는 잊혀진 전쟁영웅에 대한 존경심과 사명감으로 출연했습니다. 세계적인 배우 리암 니슨조차도 영화의 의미를 알고 출연했는데 저는 한국 사람이다 보니 더 진심으로 영화에 임했죠.

있었다는 점을 부각한 것이다.

이정재는 반공영화라는 비판과 민감한 이념적 논란에 휩쓸릴 걸 알면서도 장학수 역을 감행했던 이유에 대해 다음과 같이 말했다. "저는 잊혀진 전쟁영웅에 대한 존경심과 사명감으로 출연했습니다. 세계적인 배우 리암 니슨조차도 영화의 의미를 알고 출연했는데 저는 한국 사람이다 보니 더 진심으로 영화에 임했죠. 제 개인적으로도 전쟁 영웅을 그려냈던 이 영화가 왜 정치적 해석의 중심에 놓였는지 그 이유를 당최 알 수 없지만, 분명한 것은 이 나라는 호국영령들의 희생으로 지켜왔다는 것이죠"

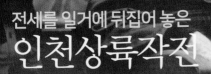

전세를 일거에 뒤집어 놓은
인천상륙작전

- 인천상륙작전의 3가지 전략적 평가 -

인천상륙작전의 성공은 전세를 역전, 전쟁사에 위대한
상륙작전으로 꼽히는 최고의 작전이었다.

1. 낙동강 방어선의 북한군 세력 급속 와해
2. 서울 탈환으로 북한군의 보급선 병참선을 차단,
   끊음으로 전략적으로 이점.
3. 북진 작전에 필요한 병참 시설 교두보 확보

1950년 9월 15일
성공확률 5,000:1의
인천상륙작전 개요

**인천상륙작전이 없었다면
지금의 자유대한민국도 없다.**

북한군은 1950년 6월 25일 새벽 4시를 기하여 김일성이 전격 기습 남침을 하여 동족상잔의 비극인 6.25전쟁이 일어난 후 북한군은 3일 만에 서울을 점령하였고 파죽지세로 남진을 계속하다 유엔군의 참전으로 낙동강 전선에서 교착상태를 맞게 되었다. 국군과 유엔군은 낙동강 방어선에서 가까스로 버티고 있었다. 전 국토의 80% 이상이 전쟁의 무대로 초토화가 되다시피 했다.

이에 맥아더(Douglas MacArthur) 장군은 북한군의 후방을 차단해 전세를 역전시키기 위한 계획을 구상하여 인천상륙작전을 계획하였다. 크로마이트(Chromite Operation)로 명명된 이 작전은 조수간만의 차이로 북한군이 불가능하다고 생각하는 인천을 선택하여 감행되었고, 수도 서울은 단시일 내에 탈환해야 한다는 맥아더 장군의 결단으로 실행될 수 있었다. 인천상륙작전은 2단계로 전개되었다. 월미도를 선점한 후, 해안교두보를 확보하고 인천 시가지의 북한군을 소탕하는 것이었다.

1950년 9월 15일, 유엔군은 스트러블(Arthur. D. Struble) 해군 제독이 지휘 아래 연합군 261척의 함정과 약 75,000여 명의 병력으로 인천상륙작전을 개시하였다. 1단계로 미 제5해병 연대 제3대대는 06시33분에 녹색 해안인 월미도에 상륙하였고, 2단계로 미 제5해병 연대와 한국 해병 제1연대가 적색 해안인 만석동 지역에 오후 만조 시 17시33분에 방파제로 올라 상륙하였다.

1950년 9월 15일, 유엔군은
스트러블(Arthur. D. Struble) 해군 제독이 지휘 아래
연합군 261척의 함정과 약 75,000여 명의 병력으로
인천상륙작전을 개시하였다.

미 제1해병 연대는 청색 해안인 송도 해안 도로 부근에 17시 32분 상륙하여 해안교두보를 확보하는 데 성공하였다. 이후 인천을 점령하고 경인가도 진 격전을 전개함과 동시에 9월 18일부터 미 제7보병사단과 육군 제17연대가 서울 탈환을 위한 연합작전을 전개하게 되었다. 인천상륙작전은 9월 28일 마침내 서울을 완전히 수복함으로써 6.25전쟁의 전세를 역전시키는 계기를 마련한 성공확률 5,000:1의 역사적인 작전이다.

인천상륙작전 지점

① 녹색해안(Green Beach) 표지석 위치
- 중구 월미문화의거리 선착장 우측 (인천광역시 중구 월미문화로 18)

② 적색해안(Red Beach) 표지석 위치
- 중구 북성동 대한제분 앞 (인천광역시 중구 월미로 50)

③ 청색해안(Blue Beach) 표지석 위치
- 미추홀구 용현동 낙섬사거리 남쪽 100m (인천광역시 미추홀구 아암대로 132)

맥아더 장군의 결단으로 1950년 9월 15일 전격적으로 인천 상륙작전이 감행되었다. 9월 15일 국군과 유엔군은 수도 서울을 탈환을 목표로 인천에 상륙하였다. 북한군의 전투력은 모두 낙동강 전투에 투입되어 인천과 서울에는 소수의 병력만이 남아 있는 상태였다. 그러나 낙동강 전선의 북한군은 철저히 비밀리에 붙여진 이 소식을 모른 채 완강히 저항하다가 결국 3일 후인 9월 18일에 이 소식을 듣고 순식간에 붕괴, 오합지졸로 지리멸렬하기 시작했다. 적의 허를 찌른 인천 상륙 작전의 성공으로 국군과 유엔군은 전쟁의 흐름을 단숨에 역전시키게 되었다. 워커 미 제8군 사령관은 9월 18일에 반격을 개시, 인천상륙작전 후 13일 만에 서울까지 진출하는 쾌거를 이뤄냈다.

인천상륙작전의 의의 및 결과

인천상륙작전은 제2차 세계대전 당시 '노르망디상륙작전'을 방불케 하는 작전으로써, 그 규모에서도타에 비할 수 없을 뿐만 아니라 가장 어려운 조건(수로, 조수 간만의 차, 상륙해안, 지리적 장애물 등)의 인천에 작전을 감행하여 공산 치하의 수도 서울을 수복하고 낙동강 전선에 몰려있던 북한군을 독 안의 쥐로 만들어 전세를 크게 역전시켜 총반격작전의 발판을 만들었다.

인천상륙작전에 아군의 손실은 인천으로부터 서울에 이르는 동안 가장 격렬한 전투를 치렀던 미 제1해병사단이 전사 415명, 부상 2,029명, 그리고 실종 6명으로 가장 큰 손실을 보았으며, 그다음으로 한국 해병대가 전사 97명 부상 300명, 실종 16명이었다. 미 제7사단 중 제32연대도 전사 66명, 부상 272명, 그리고 실종이 47명이었다.

따라서 국군과 유엔군의 총 손실은 대체로 4,000여 명 정도였다. 이에 비하여 북한군이 직접적으로 입은 손실은 사살이 14,000여 명, 포로 7,000명, 전차 손실 50대였다. 만약 인천에 상륙작전을 실시하지 않고 지상으로 반격 작전을 수행하였다면 양군 합쳐 10만여 명의 피해가 있었을 것이다.

맥아더 장군 약력 (1880~1964)

그는 미국이 낳은 세계적인 전쟁영웅으로 한국전쟁을 승리해서 자유 통일을 이루려고 노력하며 헌신한 자유대한민국을 살린 대한민국의 영웅이요 은인이다.

1980년 1월 26일 미국 아칸소에서 태어남.

1903년 웨스트포인 육군사관학교를 수석으로 졸업.

1917~1919년 제42사단의 참모진에 배속된 맥아더 장군은 제1차 세계대전의 프랑스 전투와 라인 지구 점령군의 전투에 참여하면서 참모장 여단장 사단장 등으로 직책을 바꾸며 활약.

1922년 미 육군 사관학교장으로 재임하면서 광범위한 개혁을 시행.

1925년 4군단 사령관.

1930년 50세 때 육군참모총장(대장).

1937년 퇴역하여 필리핀 케손 대통령의 요청으로 필리핀군을 창설하여 7년간 육군 원수로 복무.

1941년 태평양전쟁 직전에 미 현역에 복귀해서 미 극동 사령관으로 일본군과 전투를 하다가 1942년 3월 바탄 요새를 탈출하면서 나는 반드시 돌아오고 일본군을 몰아내겠다고 약속했다.

호주에서 서남태평양 총사령관으로 대일 반격을 지휘하고 1944년 12, 18일 육군 원수로 승진. 1945년 4월에 필리핀에 돌아와서 나는 다시 돌아왔다고 선언했다.

1945년 8월 14일 연합군 최고사령관으로서 8월 15일 일본의 무조건 항복으로 9월 2일 동경만 미조리 전함에서 일본의 항복을 접수했다. 일본인들은 자신의 나라를 점령하고 통치하는 맥아더를 구국의 신으로 섬기고 있다.

1950년 6.25전쟁 시에는 유엔군 총사령관으로서 인천상륙작전을 성공적으로 지휘하여 서울을 탈환하고 북한의 침략을 물리침.

1952년 레밍턴 랜드사의 이사회 회장을 엮임.

1964년 워싱턴에서 타게 하여 버지니아주 노퍽에 묻힘.

맥아더의 신앙적 멘토는 우드로 윌슨이다.

프린스턴대 총장을 지낸 그는 장로교 신자이며

칼빈의 계약 신앙을 굳게 믿고 상대의 동의하에 전제나 왕정에서 자유민주주의를 이루는 것이 자신의 사명이고 미국의 책무라고 민족 자결주의를 발표했다. 이에 크게 감동받고 이를 실천한 사람이 맥아더와 트루먼이다. 그래서 맥아더는 자국과의 전쟁에서 패한 일본을 노예 삼기보다 기독교 자유 민주국이 되는 것을 도우려고 했다. 원수를 은혜로 갚는 일이다.

윌슨 총장의 집에서 일찍이 육군 소령 때 만난 이승만과는 친형제 이상의 깊은 신앙과 자유민주주의의 동반자였다. 자유민주주의, 기독교 입국론에 의한 강력한 국가 건설을 꿈꾸는 이승만 박사를 나의 십자가라 여기며 마음을 다해서 전폭적으로 지원했다.

1948년 8월 15일 대한민국 정부수립 축하 연설에서 그는 만일 대한민국이 적의 침략을 받는다면 나와 미국은 즉시 달려와서 도울 것이라고 약속했다.

1950년 6월 29일 이승만은 6.25 전쟁 터졌는데 빨리 와서 돕지 않고 뭐 하냐고 호통하고 맥아더는 즉시 달려와서 약속을 지켰다.

중공군은 왜 전쟁에 개입했을까?

중국의 모택동은 6.25전쟁 발발 이전 회담에서 "미군이 참전하면 북한을 지원하겠다,"라고 한 약속대로 김일성의 요청으로 6.25전쟁에 참전하였다. 중국은 공산정권을 계속 유지함으로써 한·중 국경선으로부터의 위협을 제거하여 자국의 안전 보장을 유지하는 한편, 북한을 지원함으로써 소련으로부터 경제 및 군사원조를 획득하고, 동북아시아에서의 정치적 주도권을 장악할 목적도 있었다.

중공군 개입과 새로운 전쟁

1950년 10월 1일. 중화인민공화국은 건국 1주년을 맞이하여 국군과 유엔군이 38도선을 돌파하면 좌시하지 않겠다. 모택동은 국군이 38선을 돌파하고 맥아더가 북한에 최후 통첩을 하던 날 미국을 격렬한 어조로 비난하였다. 모택동은 10월 4일에 공산당 중앙정치국 회의를 개최하였고 북한의 군사 지원 요청을 받아들여 참전을 결정하였다. 대규모 중공군으로부터 기습당한 국군과 유엔군은 통일을 눈앞에 둔 채 후퇴하지 않을 수 없었다.

전쟁의 결과와 교훈

우리 자유민주주의 체제의 대한민국을 유엔군과 함께 지켜냈다. 그러나 6.25전쟁은 우리 민족에게 씻을 수 없는 아픔과 고통도 안겨 주었다. 수많은 전사자와 유가족, 상이군경, 고향을 버리고 떠나온 피난민, 전쟁고아 등 전쟁이 할퀴고 간 상처는 여전히 휴전선을 경계로 남과 북이 군사적으로 대치한 상태이다.

끝나지 않은 전쟁 결코 잊어서는 안 될 전쟁

북한은 남조선 혁명과 한반도의 공산 통일이라는 대한민국에 대한 적화 전략을 포기하지 않고 있다. 북한의 도발은 6.25 전쟁 중 말할 수 없는 야만성과 폭력성 그리고 잔혹함을 여실히 보여주었다. 오늘도 수십만여 건에 이르는 정전협정 위반 사항들과 무장 공비 침투, 대통령 암살 기도, 민간 항공기 테러 등 전쟁에 버금가는 각종 도발은 대한민국을 경악게 했다.

특히 2010년 이후에는 해군 군함인 천안함 폭침, 연평도 포격, 핵무기 장거리 미사일 개발 등을 통해 한반도의 평화 상태를 깨트리고 군사적 도발을 자행하며 한반도를 '전쟁의 공포와 긴장' 속으로 몰아넣고 있다. 6.25전쟁은 자유 대한민국과 국민 모두에게 북한 공산주의 실체를 여실히 보여주는 시대의 아픔이었다. 우리는 그때 겪었던 참담했던 전쟁의 고통을 우리 후손들에게 물려주어서는 안 될 것이다. 그런 점에서 6.25전쟁은 끝난 전쟁이 아니라 결코 잊어서는 안 될 전쟁으로 기억되어야 할 것이다.

발도메로 로페즈 Baldomero Lopez 중위
(1925. 8. 23.~1950. 9. 15.)

▲ 발도 메로 로페즈 중위가 사다리에 오르는 모습.
그가 죽기 불과 몇 분 전에 찍힌 사진이다.

The Green Beach Point.
of Incheon Landing Operation

▲ 2007년 11월 11일 미국 재향군인의 날에, 로페즈 중위의 기념비가 탬파市 인근 키스톤
에드레디스 공원한국전쟁기념광장에 세워졌다. 이 기념비는 로페즈 중위가 전사한 인천 앞
바다에서 공수해 온 85kg의 돌로, The Green Beach Point of Incheon Landing Operation'라
는 문구가 새겨졌다. 私費 를 털어 이 기념비를 세운 재미동포 고준경(당시 75세.미국명 에
디 고)씨는 "인천에서 직접 공수해 온 돌을 보고 그들(6 · 25참전용사)도 나도 하염없이 눈
물을 흘렸다"라고 했다.

"용기 있는 죽음은 인간을 위대하게 만든다."
스크립스 하워드 종군기자 '제리소프'

1950년 8월 15일, 인천상륙작전 '크로마이트(Chromite)'가 개시되고, 적색 해안으로 미 해병 5연대가 상륙정을 타고 돌격을 개시했다. 높은 방벽에 사다리를 놓고 올라가야 했으나, 포화로 인해 그 누구도 먼저 사다리에 오르려 하지 않아 난항을 겪고 있을 즈음, 한 용기 있는 청년이 사다리에 올랐다. 그 청년의 이름은 발도메로 로페즈.

1950년 9월 15일, 적의 침략행위에 대항하기 위한 인천상륙작전에서 제1해병사단(증강) 제5연대 제1대대 A 중대 소대장으로서, 임무의 수준을 넘어 생명의 위험을 무릅쓰고 용기를 보여주었다. 로페즈 중위는 상륙파와 해안에 도착하여 즉시 적 방어진지를 분쇄하는 작전에

돌입했다. 적의 사격 벙커로부터 가해온 사격 때문에 그가 담당한 상륙 구역의 전진은 중도에서 기세가 꺾인 상태였다.

적의 자동화기 사격에 몸을 노출한 채 수류탄을 투척하려는 순간 오른쪽 어깨와 가슴을 피격당해 뒤로 쓰러지며 수류탄을 떨어뜨렸다. 그러나 곧 몸을 돌린 그는 수류탄을 다시 집어 적에게 투척하기 위해 기어가기 시작했다. 그러나 부상의 고통과 과다 출혈로 수류탄을 투척할 수 없게 되자 소대원의 생명을 지키기 위해 자신을 희생하기로 했다. 부상당한 팔을 크게 휘둘러 수류탄을 배 아래 깔고 수류탄 폭발의 충격을 모두 자기 몸으로 방어해서 소대원들의 생명을 지킬 수 있었다.

▲ 로페즈 미 해병 중위가 사다리를 타고 올라가는 모습
(인천상륙작전 기념관)

아직 끝나지 않았다! 137

"Freedom is not free"

"자유는 공짜가 아니다"

장진호 전투 (1950. 11. 27~12. 11)

"우리는 후퇴하는 것이 아니라 다른 방향으로 공격하는 것이다"

-스미스 사단장 -

장진호 지역은 해발 2000m 이상의 높은 산이 7개나 둘러 쌓여 있는 1000m 이상의 개마고원으로서 한반도의 지붕이라고 하며 10월이면 눈이 내리고 겨울에는 낮엔 영하20도, 밤에는 영하35도까지 내려가는 눈이 많고 아주 추운 곳이다.

▲ 장진호에서 철수하는 미해병 병사 (미해병대 대표사진)

▶ 후퇴 도중 길가에서 쉬고 있는 미 해병대원, 1950. 12

"저에게 내일을 주십시오!"

▲ 장진호(長津湖)에 포위당한 채 사투를 벌이고 있던 미 해병대원들

1950년 6월 27일, 28세인 미국의 한 여성 신문기자 마거릿 하긴스가 6.25 전쟁을 취재하기 위해서 자유 대한민국에 왔습니다. 그녀는 이후 인천상륙작전과 장진호 전투 등 전쟁의 최전선에서 한국의 참혹한 현실을 전 세계에 알렸으며1951년 여성 최초로 퓰리처상을 받게 됩니다.

영하 30~40도에 육박하는 강추위가 몰아치는 가운데 연합군과 중공군 사이의 공포에 지친 병사들과 함께 얼어붙은 통조림을 먹고 있었습니다.

그녀의 옆에 있던 한 병사가 극도로 지쳐 보이는 표정으로 멍하니 서 있었는데 그녀는 그에게 물었습니다. 만일 제가 당신에게 무엇이든지 해줄 수 있는 존재라면 제일 먼저 무엇을 요구하겠습니까?"

그러자 이 병사는 한동안 아무 말 없이 서 있다 이렇게 답했습니다.

"저에게 내일을 주십시오!"

그 병사에게는 포탄도 따뜻한 옷과 음식도 아닌 이 전쟁에서 죽지 않고 살아남을 수 있다는 희망 '내일'이 절실하게 필요했습니다.

미 해병제1사단장 스미스 장군이
흥남에 설치된 해병 전사자 임시묘지에서
부하 전사자들에게 마지막 이별을 하면서 묵념을 하고 있다.

▲ 추위에 동사한 병사들 모습, 1950년 장진호 전투 중
▼ 장진호는 중공군의 기습보다 추위가 더 무서웠다.

▲ 철수 행군 중 휴식을 취하는 해병대원들, 그래도 웃음을 잃지 않았다.
▼ 이 사진은 LIFE 지의 종군기자 데이비드 더글러스 던컨(David Douglas Duncan)이
철수작전에서 전사자들의 뒤를 따르는 미 해병대의 모습을 찍은 것이다.
1950년 12월 25일 자 LIFE 지에 게재된 당시 미 해병대원들이 고군분투했던
장진호 전투 사진들 가운데 한 장이다.

6·25전쟁의 물줄기를 바꾼
장진호 전투

1950년 중반, 인천 상륙 작전의 성공과

북한군의 후퇴 이후 한국 전쟁은 끝난 것처럼 보였다.

국군과 유엔군은 용맹하게 서울을 탈환하고 반격작전을 펼쳤다.

미 8군단과 국군 2군단이 신의주, 압록강까지 진격했다.

압록강

두만강

장진호

흥남

1국군 1군단은 두만강까지 진격하고 미 해병 1사단은 장진호까지 진격했다.

38도선

10월 29일 이원항에 상륙한 미 7군단은 압록강으로 진격했다.

북한은 험악한 태백산맥을 중심으로 갈라져 후퇴했다.

미국 제8군은 한반도 서해안을 따라 북한으로 진격했고

국군 제1군단과 미국 제10군단은 동해안을 따라 진격했다.

장진호 전투는 미 해병 1사단이 주축이 된 유엔군 3만 명과

30,000

12만 명의 중공군 간에 벌어진 치열한 전투였다.

타타타탕

탕

장진호 전투는 1950년 11월 27일부터 12월 11일까지

휘이이이이

美 제10군단 예하 미 해병 제1사단 등 유엔군이

함경남도 개마고원의 장진호 북쪽으로 진출하던 중, 중공군의 포위망을 뚫고

흥남에 도착하기까지 2주간 전개한 철수작전이다.

장진호 전투는 현대전에서 미국과 중국의 군대가 맞붙어 싸운

최초의 전투로 기록됐다.

콰쾅

미군은 북한이 평양을 잃고 후퇴해 임시수도로 정한 강계를 공격하기 위해

강계

평양

장진호 방면으로 미 해병대 1만 2천여 명을 전진시켰다.

그러자 중공군은 경고를 날렸다.

우리도 전쟁에 참여하겠다!

미군은 그 경고를 무시했지만 결국 중공군이 전쟁에 뛰어들었다.

와 와

1950년 10월 1일, 북경에서 건국 1주년 기념행사를 하던 모택동은

......

주변의 반대를 묵살하고 미국과의 전면전쟁을 결심했다.

항미
원조!

抗美援朝

항미원조 전쟁은 미국에 대항하면서 북조선을 지원하는 전쟁이라는 뜻이다

미국은 공산주의의 철천지원수다!

때려 부셔!

장진호 전투는 영하 40도가 넘는 추위 가운데 벌어졌는데

전투에서 죽은 사람보다 동상으로 죽은 사람이 더 많았다.

미 해병대를 공격하기 위해 투입된 장군은 중공군 제9병단장 송시륜은

생긴 것과는 달리 성격이 불같고 난폭했다.

宋時輪

1950년 10월 19일, 대규모의 중공군 부대가
중국 인민지원군이라는 이름으로 국경을 넘어 북한 지역으로 들어왔다.
우리의 원수 미군을 쫓아내라!
북조선을 지켜라!
항미원조!
휘이이이이이이

장진호에 도착한 중공군 첫 부대의 임무는

동해안을 따라 진격하는 유엔군의 공세를 막는 것이었다.

10월 25일 진격 중이던 국군 제1군단이 장진호 남쪽의 중공군과 만났다.

장진호 전투는 최악의 추운 날씨 상황에서 벌어졌다.

100년 만에 왔다는 혹독한 추위.

영하 40도에 육박하는 날씨.

덜덜덜. 너무나 춥다.

공격에 대비해 구덩이를 파야 했지만 땅이 얼어 그럴 수도 없었다.

극심한 영하의 날씨.

총 쏘는 것도 어렵습니다.

격발 핀의 용수철이 얼어서

총탄 발사가 잘 안됩니다.

틱

11월 2일, 미 제1해병사단은 원산에 상륙한 이후 격렬한 전투를 벌였고

콰쾅

이 전투로 인해 중공군은

많은 사상자가 발생했다.

콰쾅

콰쾅!

타타타타타

아직 끝나지 않았다! 155

장진호 전투는 미 해병대 창설 이후 가장 치열한 전투였다.

휘이이이

장진호 전투는 세계 3대 동계 전투 중 하나로 불린다.

장진호 전투

모스크바 전투

스탈린그라드전투

영하 40도까지 내려가는 강추위 앞에서는

휘이이이

전투기와 탱크도 고철에 불과했다.

중공군은 유엔군을 장진호로 유인하기 위해 북쪽으로 철수했다.

미 해병대 1사단은 장진호 남단의 하갈우리 까지 진격했으나

장진호

하갈우리

강추위는 미군들에겐 엄청난 고통이었다.

휘이이

11월 24일 맥아더 장군은 계속해서 공격 명령을 내렸다.

휘이이이

공격하라!

크리스마스까지는 고향으로 돌아갈 수 있을 것이다!

미 해병 1사단이 장진호에 도착할 무렵

중공군 12만 명이 미 해병대가 들어오길 기다렸다.

중공군은 사흘간 공격을 하다 갑자기 사라졌다.

?

중공군의 미끼 작전이었다.

미군을 끌어들인 후 퇴로 차단해!

그리고 박살 낸다.

대어를 잡으려면 미끼 맛을 보여줘라!

송시륜

청천강 북쪽에서 중공군이 기습 공격을 했다.

타타타

철천지원수 미군들을 완전히 섬멸하라!

와

결국 미 8군이 큰 타격을 받았다.

쾅 쾅

중공군이 덫을 놓고 있었구나.

미 해병 1사단장 스미스

스미스 장군은 선견지명이 있었다.

……

충분한 탄약과 보급품을 확보하라.

병참기지와 비행장 등 지원 시설을 갖춰라.

아직 끝나지 않았다! 159

고작해야 5만 명 정도라고 판단했던 중공군은 30만 명에
가까운 숫자였다.

미 해병 1사단은 뒤늦게
중공군에 완전히 포위된
것을 알았다.

와아아아아

돌격!

쿵쿵 쿵 쿵

고토리에서도 중공군과 치열한 전투가 벌어졌다.

중공군은 매복했다가 밤에만 기습적으로 공격했다.

중공군은 승리를 확신하고 무섭게 밀어붙였다.

고토리 전투는 가장 많은 사상자가 나온 끔찍한 전투였다.

중공군의 역습 작전에 유엔군은 속수무책으로 당했다.

유담리 일대도 아비규환의 장소로 바뀌고 말았다.

미 해병대는 유담리, 하갈우리, 고토리 등에서

끊임없이 몰려드는 유령 같은 중공군과 전투를 벌였다.

유담리 하갈우리 고토리

중공군의 목적은 유엔군을 이 땅에서 완전히 몰아내는 것이었다.

와

공격!

목숨 걸고 전진하라!

돌격!

낮에 제공권을 장악한 미군이 그렇게 폭격을 해도

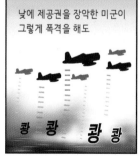

쾅 쾅 쾅 쾅

중공군은 밤만 되면 도깨비처럼 사방에서 나타났다.

아직 끝나지 않았다! 163

미 8군은 치명적인 타격을 받고 후퇴할 수밖에 없었다.

미 해병대 1사단과 육군 7사단 2개 연대도 포위되었다.

11월 29일, 맥아더 사령부는 철수를 명령했다.

공격하기 힘들겠다.

안전한 퇴로를 확보하고 흥남으로 집결하라.

포위된 해병대는 중공군과 전투를 벌이며 왔던 길을 되돌아

장진호에서 흥남까지 240km의 거리를 행군해야 했다.

장진호

유담리

하갈우리

고토리

진흥리

함흥

흥남

12월 1일, 철수를 시작한 해병 2개 연대는

매복 중인 중공군 4개 사단으로부터 공격을 받았다.

탕
탕
탕
탕

후퇴 경로를 포위하고 있던 중공군과

탕 타타타타

탕탕

총격전을 반복했다.

타타타타

박살 내라!

탕탕

하갈우리까지 22 km를 가는 데 77시간이 걸렸지만

휘이이잉

방어 전투와 철수를 계속했다.

멈출 수 없다.

휘이

그들은 600여 명의 부상자를 들것에 태워 이동하면서

질서 있게 철수를 계속했다.

휘이이이

당시 하갈우리에는 1만여 명의 병력과 1500여 명의 피란민.

그리고 1,000여 대의 차량이 집결해 있었다.

대규모 병력이지만 반드시 함흥까지 철수해야만 한다.

미 사단은 간이 활주로에 C-47 수송기를 착륙시켜 봤다.

위이이이이

위잉

미 사단은 항공기의 이, 착륙이 가능하다는 사실을 확인했고

4,300여 명의 부상자를 항공기로 후송할 수 있었다.

그때 극동군 수송 사령관 터너 준장이 제의했다.

철수!

전투 장비를 버리고 병력만이라도 공중 철수하라.

그러나 미 해병 1사단 사단장 스미스는 정면 승부를 택했다.

우리는!

장비, 시신, 부상자를 데리고 함께 가지 않으면 철수하지 않겠다.

해병대 역사상 이런 불명예는 없었다.

우리는 정상적인 방법으로 철수하겠다.

항공 철수를 할 경우 활주로 엄호를 위해

최소한 2개 대대 정도는 마지막까지 공항에 잔류해야 했다.

2개 대대를 죽게 하는 것은 불명예스럽다.

결국 미 해병 1사단은 전투를 하면서 걸어서 후퇴하기로 했다.

도보 후퇴는 다른 부대에게 시간을 벌어주는 효과가 있었다.

엄청난 결단과 희생이었다.

휘이이이이

결국 이렇게 후퇴 하는 것입니까?

함흥까지 진출하는 새로운 방향의 공격이다.

후퇴가 아니고 다른 방향으로 진격 중이다.

우리 사단은 후퇴 하는 것이 아니다.

아직 끝나지 않았다! 169

12월 7일, 두 번째 집결지인 고토리에 도착했다.

공산군의 격퇴에 협조했던 민간인도 함께했다.

1,500여 명.

해발 1,200m 황초령 철수 작전 때 다시 한번 위기가 찾아왔다.

STOP!

유일한 퇴로인 수문교를 중공군이 폭파해 버린 것이다.

쾅

해병사단은 새로운 조립교를 설치하기로 했다.

다른 우회로가 없다.

다리 복구를 위한 자재를 구할 수 없으니

임시교량을 공중에서 투하해야겠다.

고토리에 부교를 투하하던 날 밤에 밝은 별 하나가 보였다.

!

작전의 성공을 의미하는 좋은 징조였다.

우리는 성공 할 것이다.

현장에 있던 미군들은 그 장면을 인상적으로 보고

장진호 전투의 상징으로 생각해 고토리의 별이라고 불렀다.

Star of Koto-ri

7일부터 극동 공군 전투 공수 사령부가 C-119 수송기 8대를 이용해

낙하산으로 임시 교량 경간 목을 공중에서 투하했다.

343

위이이잉

아직 끝나지 않았다! 171

공사 중에도 중공군의 간헐적인 공격이 계속됐지만

탕 타타타타

드디어 공병 대대가 수문교 복구를 마쳤다.

GOOD!

다리를 복구하지 못했으면 차량과 전차들을 버려야 했지만

멈출 수 없다.

결국 수문교를 확보하고 후퇴를 계속할 수 있었다.

해병사단은 사투를 거듭하면서 결국 황초령을 넘을 수 있었다.

해발 1,200m

힘내자.

우리는 다른 방향으로 진격 중이다.

미군은 후위 부대가 모두 수문교를 건넌 것을 확인한 뒤

다시 다리를 폭파해 중공군의 추격을 막았다.

콰 콰 쾅

중공군은 추위와 굶주림에 지쳐 전의를 상실하고 물러섰다.

꿍.

12월 10일, 미군은 유담리에서 출발한 지 2주 만에

병력과 장비뿐 아니라 다수의 피난민과 함께

드디어 흥남에 도착하게 됐다.

성공했다!

미군들은 중공군과 격렬한 사투를 벌이며

장진호

유담리 ➡ 하갈우리

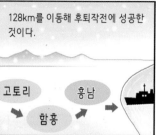

128km를 이동해 후퇴작전에 성공한 것이다.

고토리 ➡ 흥남

함흥

흥남에 방어선을 구축한 아군은 남은 중공군과 전투를 계속했다.

타타타타

타타

공격 하라!

함포와 항공 포격을 계속 하라!

미군이 철수할 때 수많은 북한 피난민들도 자유를 찾아 남하 했다.

자유.

화물선에 피난민도 태워야 한다.

마지막 남은 화물선 메러디스 빅토리호는 단 한 명의 피난민이라도
더 태우기 위해 군수물자를 버렸다.

탱크와 대포를
내려놓고 사람을
태워!

피난민 1만
4,000명을
태워라.

12월 25일, 흥남철수작전을 통해
연합군 10만 5천 명과 피난민
10만여 명은

와

기적
입니다!

거제도에 안전하게 도착했다.

뚜우우웅

12월 24일, 흥남 항에 남은 마지막 병력이 흥남 부두를 폭발시켰다.

콰

콰콰콰

콰콰콰

127

장진호 전투에서 중공군은
5만여 명이 전사했다.

······

중공군의 인해전술과 춘계공세는
장진호 전투 때문에 실패했다.

실

장진호 전투

패.

결국 중공군은 후방으로 철수하였다.

장진호 전투는 6·25 전쟁의 물줄기를 바꾼 분수령이었다.

이국땅에서 목숨을 걸고 싸운 장진호 전투의 영웅들이 없었다면

대한민국은 어떻게 되었을까?

결코 잊어서는 안 되는 전투가 장진호 전투이다.

와아아

와

유엔군의 북한지역 최대진출선 (1950.10.25~11.30)

[참고문헌] 「중공군 참전과 유엔군의 철수」, 6·25전쟁사 시리즈 7 (국방부 군사편찬연구소, 2010)

중공군의 침투 경로 및 1,2차 공세 (1950.10.25~12.3)

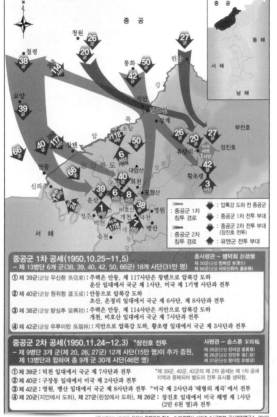

중공군 1차 공세 (1950.10.25~11.5)
— 제 13병단 6개 군 (38, 39, 40, 42, 50, 66군) 18개 사단 (31만 명)

총사령관 — 펑더화이 彭德懷
제 50군(군장 쩡쩌성 曾澤生)
제 66군(군장 샤오신화이 蕭新槐)

① 제 39군(군장 우신촨 吳信泉) : 주력은 안동, 제 117사단은 창톈으로 압록강 도하
  운산 일대에서 국군 제 1사단, 미국 제 1기병 사단과 전투
② 제 40군(군장 원위청 溫玉成) : 안동으로 압록강 도하
  초산, 온정리 일대에서 국군 제 6사단, 제 8사단과 전투
③ 제 38군(군장 량싱추 梁興初) : 주력은 안동, 제 114사단은 지안으로 압록강 도하
  개천, 비호산 일대에서 국군 제 7사단과 전투
④ 제 42군(군장 우루이린 吳瑞林) : 지안으로 압록강 도하, 황초령 일대에서 국군 제 3사단과 전투

중공군 2차 공세 (1950.11.24~12.3) *장진호 전투
— 제 9병단 3개 군 (제 20, 26, 27군) 12개 사단 (15만 명)이 추가 증원,
  제 13병단과 합하여 총 9개 군 30개 사단 (46만 명)

사령관 — 쑹스룬 宋時輪
제 20군(군장 장이샹 張翼翔)
제 26군(군장 장런추 張仁初)
제 27군(군장 펑더칭 彭德淸)

① 제 39군 : 덕천 일대에서 국군 제 7사단과 전투
② 제 40군 : 구장동 일대에서 미국 제 2사단과 전투
③ 제 42군 : 영원, 맹산 일대에서 국군 제 8사단과 전투
④ 제 20군(지안에서 도하), 제 27군(린장에서 도하), 제 26군 : 장진호 일대에서 미국 해병 제 1사단 (2만 6천 명)과 전투

*제 39군, 40군, 42군의 제 2차 공세는 제 1차 공세 지역과 중복되어 별도의 전투 표시를 생략함.
*미국 제 2사단과 '태평의 계곡'에서 전투

【싸쓰쯔이】 중공군 침투의 ■발걸의 ■호수 ● ●■■■ ■■기 7 (국방부 군사편찬연구소, 2010)

장진호 전투는
역사상 가장 성공한 전투

세계3대 동계 전투이자 6.25 한국전쟁의
분수령이었던 장진호 전투

이 작전으로 대규모의 중공군 저지,
국군과 유엔군, 피란민 등
20만여 명이 남쪽으로 철수 할 수 있었다.

- 장진호 전투 기념비 제막식 -

장진호 전투는 1950년 11월26일 함경남도개마고원 장진호까지 북진했던 미 해병 제1사단 등 13,000여 명이 중공군 12만 명에게 포위되면서 큰 피해를 입은 전투이다. 미 해병 역사상 가장 참혹한 전투로 알려져 있다. 당시 미군은 영하 35도까지 내려가는 혹한에서 철수 작전을 벌이다 중공군의 포위를 뚫기까지 17일 걸렸다. 하지만 이들이 중공군의 남하를 막아낸 덕분에 북한 주민 20만 명이 남한으로 피난한 '흥남철수작전'이 가능했다.

2013년 미국 참전용사들이 나서서 모금을 시작하면서 건립이 추진 됐다. 당시 박승훈 보훈처장이 우리 정부 지원을 주도했고, 2년 뒤인 2015년 7월 기공식을 가질 수가 있었다. 당시 총 건립비용 60만 달러(약6억 8.000만 원) 중 우리 정부예산이 3억 원이 투입됐다.

한미 양국 정부 인사들이 참석한 기념비 제막식도 열렸다. 아버지 장진호 전투에 참가했던 조셉던퍼드 미 합참의장과 각 군 참모총장 등이 참석했고, 한국측에서는 정부 대표로 박 전 처장과 6.25참전 용사 등 200여 명이 참석했다.

▲ 1950년 12월 13일 흥남항에서 철수하는 선박에 승선하기에 앞서 미 해병 임시묘지에 묻힌 전사한 동료 병사들을 찾은 미 제1해병사단장 올리버 스미스 소장과 지휘부는 세 발의 예포에 맞춰 희생된 전우들을 추모하였다. 이들은 자유민주주의 국가 대한민국을 공산주의자들의 손에서 구출하느라 자신을 희생한 영웅들이었다.

평화는 쇼도, 놀이도 아니다.
평화는 피를 품은 꽃이다.

한국인보다 한국을 더 사랑한 이방인들!
미국은 장성 이상 고위직 자녀들이
6.25전쟁에 참전해서 35명이 전사했다.

아이젠하워 미 대통령의 아들 존 육군 중위는 미 3사단 중대장으로 참전하고, 워커 8군 사령관 아들 샘 중위는 미 24사단 중대장으로 참전했다. 밴플리트 사령관의 아들 지니는 B-52 폭격기로 평남순천작전에서 전사했다. 미 해병 1항공단장 필드 해리슨 장군의 아들 윌리엄 소령은 장진호 전투에서 전사했다.

하버드 대학교의 교내 예배당 벽에는 한국전쟁에서 전사한 20명의 이름이 새겨져 있다. 월터리드 미 육군 병원에는 6.25에서 중상을 입은 용사 수십 명이 아직도 병상에 누워있다. 1895. 4. 5. 한국 최초의 선교사로 연세대학

'한국 땅에 묻히기를 소원한다.'는
한국인보다 한국을 더 사랑한 이방인들이었다.

교를 설립한 언더우드 집안은 한국전쟁
이 터지자 3명의 손자가 모두 자원하여
참전하고 그중 원일한은 인천상륙작
전에 해병 중위로 투입되어 서위렴
대위와 서울탈환까지 함께했다.

한남 대학교 설립자인 윌리엄 린튼의 아들 휴 린튼은 미
해병 대위로 인천상륙작전에 참전했고 평양신학교를 설
립한 마펫 선교사의 아들 하워드는 공군 군의관으로 참
전했다. 한국에서 태어난 선교사의 자녀들은 한국을 내
나라라고 여겼고 전쟁 때 나라를 지키지 않고 전쟁이 끝
난 다음에 한국에 온다는 것을 부끄럽고 무책임한 일이
라고 생각했다. '한국 땅에 묻히기를 소원한다.'는 한국인
보다 한국을 더 사랑한 이방인들이었다.

자유 대한민국을 목숨 바쳐 지켜낸 수없는 유엔 참전용

이름조차 들어보지도 못했을 생소한 나라에서
수많은 젊은이들이 전혀 상관없을 동토의 땅
대한민국의 자유민주주의를 수호하기 위해서
공산주의와 싸우다 고귀한 청춘을 이 땅에 묻었다.

사, 선교사 가족들, 국군장병, 무명용사, 군번 없는 학도
병 등 모든 전, 사상자들의 값진 희생은, 자유대한민국을
여기까지 피로 다져 쌓아 올린 초석들이다. 이름조차 들
어보지도 못했을 생소한 나라에서 수많은 젊은이들이 전
혀 상관없을 동토의 땅 대한민국의 자유민주주의를 수호
하기 위해서 공산주의와 싸우다 고귀한 청춘을 이 땅에
묻었다. 우리 대한민국은 그들의 나라와 그들에게 평생
갚아도 다 갚을 수 없는 자유의 빚을 안고 있다는 것을 잊
어서는 안 된다. 이름도 얼굴도 모를 수많은 젊은이들의
얼룩진 피로 지켜진 고귀한 나라이기 때문이다.

지평리를 사수하라!

1945.10.24.UN 창설,
최초로 한국전쟁에 UN군 참전
UN군 최초의 大승리 지평리 전투

주요병력
유엔군 5,600명 / 전사자 52명,
부상 259명, 실종 42명
중공군 50,600명 / 전사자 4,946명,
포로 79명

폴 프리먼 대령　　몽클라르 중령　　크롬베즈 대령　　펑더화이

유엔군 창설, 참전 이후
최초의 승전보 '지평리' 전투 그 반격의 서막

▲ 1951.2 맥아더, 리지웨이... 지평리 작전을 승리로...

1950년 10월 이후 중공군이 6·25전쟁에 개입하기 시작하면서 계속해서 후퇴에 후퇴를 겪어야만 했던 UN 군은 전열을 재정비하고 1951년 2월부터 재 반격에 들어가기 시작했다. 지평리 전투는 UN 군이 중공군의 대규모 공격에 물러서지 않고 진지를 고수하며 승전한 UN 군 최초의 대전투였다. 이 전투를 기점으로 해서 UN 군이 중공군에 대한 자신감을 갖기 시작했으며, 이후 38도선을 회복하는 반격의 중요한 기폭제가 되었다.

▲ 1951.2.13 지평리 전투 요도-1

'지평리' 전투가 전장 지형에서 매우 중요했던 요인은 바로 서울로 통하는 요충지요 길목이었기 때문이다. 서울은 전쟁의 전체 승패를 가를 한반도의 중심으로, 당시 상황에 비춰 서울 한강을 다시 잃게 된다면, 남쪽은 그대로 북괴군에게 속수무책으로 밀릴 가능성이 컸다. 이때 중공군은 양평을 확보해서 서부전선의 국군과 UN 군을 다시 북위 37도 선까지 물러나도록 압박한다는 계획으로 지평리 방면으로 중공군 39군 제40군, 제42군 4개 사단 규모의 병력을 집결시켰다. 이리하여 지평리 전투는 서부전선과 중부 전선의 향배에 큰 영향을 끼치는 아주 치열한 전장터가 되었다.

"지평리를 포기하면
인접한 9군단의 우측이 개방되어
전선에 균열을 초래하고,
반격에 중요한 거점을 잃게 된다."

- 미 8군 사령관 매튜 B. 지웨이 장군 -

▲ 지평리 전투

▲ 지평리 중심, 경기 동북부 항공촬영 사진

▲ 1951. 2. 14 새벽 전투 막바지 중공군과 육탄전을 펼치는 프랑스 대대
▼ 지평리 1.6km 원형진지를 사수하는 야간전투

▲ 지평리 전투, 크롬베즈 특임대 진격 모습, 195. 2. 15
▼ 한국 대통령(이승만) 표창을 받는 프랑스 대대

▲ 지평리 전투 5일 후, 중공군을 격퇴한 지평리 전장을 찾은
맥아더 사령관을 맞이하는 몽클라르 프랑스 대대장

▲ "단 한 사람도 내 허락 없이 물러나지 마라. 총알이 없으면 몸으로라도 막아라."
- 랄프 몽클라르 -

▼ 지평리 전투, 중공군 포로

세계 10위의 경제대국, 세계 최고의 IT 강국, 세계 군사력 6위

세계 젊은이들의 대세인 K-컬처의 본산이 대한민국이다.

K-Culture

하지만 이 자랑스러운 업적은 하루 아침에 이루어진 꿈이 아니다.

대한민국

70~80년대 경제부흥의 사명을 띠고 전 세계로 나간 부모 세대들의 피땀과 희생이 있었다.

목숨을 걸고 한국 자유민주주의를 지켜낸 그 들의 투쟁으로 가능한 일이었다.

自由民主

하지만 북한 공산당의 6.25 침략에 맞섰던 영웅들은 점점 역사의 뒤안길로 멀어져 가고 있다.

콰콰   콰콰쾅

6.25 전쟁은 한반도의 동족상잔 비극이 되었고 큰 아픔과 큰 상처를 주었지만

6.25 전쟁

UN 참전용사들의 결연한 참전과 국군들의 희생이 한국의 자유민주주의를 지켜냈다.

6.25역사기억연대는 지난 72년 전 전장의 한복판에서 자유를 수호하다 산화한

위대한 영웅들의 전투와 그들의 숭고한 희생을 다시 조명하려고 한다.

쿵쿵쿵

그들의 희생 위에 지금 대한민국은 눈부신 발전으로 경제 대국, 군사강국을 이루었다.

6.25역사기억연대가 그 역사를 바로 세우는 첫걸음은 바로 UN군이 첫 승리한 지평리 전투이다.

지평리 전투

지평리 전투는 1951년 2월 13일부터 2월 15일까지 경기도 양평군 지평리에서 벌어진 전투로

콰쾅

중공군의 개입과 1·4 후퇴 이후 상당한 위기였던 전황을 돌려놓았던 결정적인 전투였다.

콰콰콰쾅

당시 폴 프리먼이 중공군을 격퇴한 작전은 미 육군 지휘참모 학교의 교과서에 소개되었다.

Paul Lamar
Freeman, Jr

수적으로 우세한 적에 맞서는 최고의 전투 방법은 지평리 전투이다.

지평리

1950년 9월 15일, 더글라스 맥아더 유엔군 사령관의 지휘 아래 인천상륙작전의 성공으로 북한군을 압록강까지 내몰며 진격하던 연합군은

압록강

평양

38도선

인천상륙작전 · 서울

1950. 10월 19일 중공군의 참전으로 눈물을 머금고 퇴각하기 시작한다.

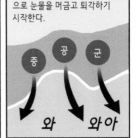

중 공 군

와 와아

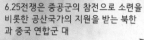

6.25전쟁은 중공군의 참전으로 소련을 비롯한 공산국가의 지원을 받는 북한과 중국 연합군 대

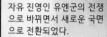

자유 진영인 유엔군의 전쟁으로 바뀌면서 새로운 국면으로 전환되었다.

청천강 전투, 장진호 전투 이후 패망 직전까지 갔던 북괴군이 이로 인해 기사회생했고

돌격!

앞으로!

반대로 이 전투 이후 급속히 밀린 연합군은 평양, 서울까지 다시 북한군에게 내주게 됐다.

중공군의 공세로 전쟁의 판세가 바뀌고 있다.

상황이 너무 심각해.

미군이 한반도에서 철수해야 되나?

그만큼 유엔군의 패배의식은 만연해 있었다.

당시 지상군 총사령관인 매튜 리지웨이 장군은 공격작전을 계획했다.

아군이 승리하려면 먼저 중공군의 실체를 파악해야 한다.

1951년 2월, UN 군은 본격적인 반격에 나섰다.

평택 원주 삼척
Line

선더볼트 작전, 라운드업 작전 등등

전열을 재정비해서 전선을 회복해 가야 한다.

옛썰~

전쟁 234일째 시작된 지평리 전투는 UN 군이 중공군의 대규모 공격에 물러서지 않고 진지를 고수하며 승전한 UN 군 최초의 대전투였다.

콩
타타타타타타
타타타

이 전투를 기점으로 해서 UN 군은 중공군에 대한 자신감을 갖기 시작했으며

이길 수 있다!

38도선을 회복하는 반격의 기폭제가 되었다.

38선

반격!

서울로 통하는 길목인 지평리는 전투 지형에서 중요한 요충지였다.

서울

지평리

서울은 전쟁의 전체 승패를 가를수 있는

한반도의 중심이다.

서울과 한강을 잃게 된다면?

남한은 북한군에게 속수무책으로 뺏길 수 있다.

이겨야 한다.

이러한 사실을 잘 알고 있던 중공군도 양평을 확보하기 위해 벌떼처럼 몰려들었다.

와아아아아아아아

낮은 산으로 둥그렇게 병풍처럼 둘러쳐져 있는 지평리는 일종의 분지 형태를 띠고 있었다.

그곳에 끝도 보이지 않는 중공군의 군대가 새카맣게 산 전체를 에워 쌌다.

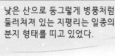

와이이이이이~

중공군 39군 제40군, 제42군 4개 사단 규모의 병력 50,600명이 지평리로 집결했다.

와이이이이

UN 군과 중공군의 병력 규모는 무려 10배 가까이 차이가 났다.

1:10

1:10의 대결, 말도 안 되는 중과부적의 치열한 전투가 시작된 것이다.

쾅

중공군은 지평리에 주둔하고 있던 UN 군을 몰아낸 다음 원주, 대전, 안동선으로 진출하고자 했다.

아직 끝나지 않았다! 205

중공군은 자신만만했다.

패배는 생각할 수도 없다.

압도적인 병력의 차이다.

UN 군을 박살 낼 자신이 있다.

껄껄

폴 프리먼 대령은 5,600명 규모의 미 제23연대 전투단을 이끌고 지평리에 진지를 구축했다.

23연대   23연대

미 제2보병사단 소속 23연대 전투단에 배속된 프랑스 대대가 주축을 이루었다.

필승!

미군 37포병 대대, 82방공 대대, 503포병 대대가 연대 전투단으로 편성됐다.

쾅 쾅

쾅

그러나 미 10군단 주력이 횡성에서 철수했기 때문에 미 23연대는 고립되고 말았다.

독안에 든 쥐다.

이에 연대장 폴 프리먼 대령은 철수를 건의했다.

여주로 갑시다!

미 8군 사령관 매튜 리지웨이는 거부했다.

철수는 안 된다!

사방에서 치고 들어올 막강한 중공군을 막아야 하는 지형적 단점은

중공군

병력이 적은 UN 군에 있어 절대 불리할 수밖에 없었다.

중공군

UN 군은 지평리에서 중공군을 최대한 흡수해 유엔군의 막강한 화력을 집중해 격멸시켜야 했다.

STOP

방어진지를 구축하라!

진지를 사수하라.

5천명의 병력으로 지평리 고지를 방어하기는 어렵다.

포대를 중심으로 1.6km 길이의 원형 방어진지를 구축하라.

중앙에 포병부대를 배치하면 사방으로 포병 지원이 가능할 것이다.

이렇게 미국과 프랑스 장병은 원형 진지를 구축해 전투준비를 하였다.

철컥

철컥

예비 병력을 모두 배치하고 진지 주위에 철조망과 개인참호, 지뢰 설치도 완료했다.

·········

13일 오후 5시 30분을 기해 중공군의 공격이 개시됐다.

쾅 쾅

쾅

밤새워 전 방어선에 걸쳐 계속된 포탄 공세를 아군들이 잘 버텨냈으나

타타타타타

쾅

탕

연대장이 중공군의 박격포탄 파편에 다리 부상 당하고, 군수참모가 전사하는 피해를 입었다.

......

100여 명의 병력 손실이 발생하고 프리먼 대령도 부상을 입었지만

그는 후송 명령을 거부했다.

신임 연대장 자문을 위해 24시간 동안 지평리에 남겠다.

!

아군은 강풍 등 기상 악화로 유엔 공군의 항공지원도 어려운 상태에서 악전고투를 해야 하는 상황이었다.

그래도 지평리를 지켜야 한다.

탕탕탕탕

발사!

탕 탕 탕

14일, 중공군은 2개 연대를 추가 투입해 야간 공격에 나섰다.

남쪽의 제2대대를 집중 공격하라!

콰

쾅 쾅

아군은 백병전으로 버티면서 저항했으나 순간적으로 진지를 빼앗기게 됐다.

와아

인근에 있던 미군은 200m 가량 이동한 곳에 진지를 구축해 끝까지 저항했다.

콰콰콰쾅 쾅

전투의 중요성을 파악한 미 제9군단장은 장호원에서 전열을 정비 중이던 제5기병연대에 명령했다.

서울

지평리

양평

여주

장호원

지평리로 진출하라!

GO

그날 저녁 미 9군단은 중공군에 둘러싸인 미 제23연대 전투단을 지원하기 위해

국군 6사단과 영국 27여단을 지평리 전투에 투입했다.

따그닥 따그닥

따그닥

그러나 중공군의 포위망을 뚫지 못하고 결국 물러서게 된다.

후퇴 하라!

두두두두두

쾅 쾅

으악!

저녁 7시, 중공군은 4개 사단 규모의 병력으로 다시 공격을 감행했다.

결국 UN 군의 방어선 일부가 뚫리게 된다.

공격!

타타타

타타타

쾅

펑

발사!

중공군 1개 연대 병력이 방어선을 돌파해 아군 진지 한가운데로 밀고 들어왔으나

물러서지 마라!

타타타타타타

콩

타 탕

방어하라!

콩

타타탕

타타타타타타

미 23연대 전투단은 전혀 후퇴하지 않고 진지를 사수했다.

이길 수 있다!

으...

뿌드득

분하다.

결국 중공군은 철수할 수밖에 없었다.

후퇴하라!

퉁쿵쿵퉁쿵

2차 대전 당시 유럽에서 수많은 전투를 경험했던 프랑스의 특수 부대원들은 (해병대, 공수부대)

병력의 한계를 전술, 전략으로 극복해 냈다.

철컥

당시 중공군은 피리와 꽹과리를 치면서 심리적으로 불안하게 하여 압박 공격했는데,

꽹 꽹 꽹꽹

삐이이

프랑스 대대 몽클라르 대대장은 기지를 발휘하여 수동식 사이렌을 울리며 맞대응했다.

앵

애애앵

사방에서 총소리와 포탄이 난무하는 상황에, 수동식 사이렌 소리는

애앵

앵 앵

중공군에게 엄청난 혼란과 판단 미숙을 가져다줬다.

앵앵

으아!

정신이 하나도 없다.

앵 애애앵 앵 애앵 앵

아직 끝나지 않았다! 213

프랑스 특수부대원의 교란 작전에 말려든 중공군에게

UN 군의 기관총과 포탄 세례가 사정없이 쏟아졌다.

중공군의 참패, 첫날 전투는 UN 군의 대승리였다.

이날 전투에서 프랑스군의 총검 돌격이 등장했다.

중공군들이 20m 앞까지 밀고 들어오자 백병전이 시작된 것이다.

몽클라르는 1, 2차 세계대전을
다 겪은 3성 장군이었다.

콩

그를 비롯한 프랑스 대대원들은
철모를 벗어던졌다.

그들은 머리에 빨간 수건을
동여매고 총검과 개머리판
으로 맞서 싸웠다.

이 싸움에서 프랑스군은 승리
했고 중공군들은 도망쳤다.

빡   찔러!   쿵   퍽!   빡

프랑스 대대는 한 달 전 원주
전투에서도 25명의 소대원이

총검으로 인민군 1개 대대를
섬멸한 강력한 부대였다.

돌격!

와아아아아

2월 15일은 지평리에 또 다른 영웅 크롬베즈 대령이 등장한 날이다.

Crombez

연합군은 미 제23연대 전투단과 프랑스 대대와의 합류가 매우 시급했다.

연합군 ← 미 제23연대

연합군 ← 프랑스 대대

그러나 지평리 탈환에 사활을 건 중공군은 쉽게 길을 터주지 않았다.

절대 물러서지 마라!

타타타

탕탕

돌격!

제23연대 전투단과 프랑스 대대는 지쳐가고 있었다.

더 이상 버틸 힘이 없다.

탄약도 다 떨어졌다.

이에 미 9군단장은 크롬베즈 대령에게 명령했다.

무슨 작전 입니까?

5기병 연대, 2개 포병대대 2개 전차부대를 편성해 지평리 전투에 합류하라.

Yes, sir

★★★

크롬베즈의 특수부대는 대신 방향에서 지평리로 돌진했다.

좌우에 전차 부대를 1대대씩 배정했고 2개 포병대가 뒤따랐다.

● 대신 ────── ● 양평 ────── ● 지평리

크르르르

크롬베즈 대령은 전차 대대를 이용해 전선 뚫기를 시도한다.

전선

뚫기

주변에서는 이 작전을 만류했다.

아…

포탄이 쏟아질 적의 한복판으로 뛰어드는 건 위험해.

작전개시 전에 크롬베즈 대령은 헬기를 타고 직접 진격로를 점검했다.

성공 가능성을 찾았다.

타 타 타

이길 수 있다.

전차대대를 투입하라!

돌격하라!

돌 격

크롬베즈의 전차대대와 마주친 중공군은 엄청난 집중포화로 반격했다.

쾅 쾅 쾅

전차 위에 탑승한 보병들이 포화를 맞고 떨어졌다.

쿵쿵

악!

그러다 결국 문제가 발생했다.

?

선두 전차가 지평리 정남 측 망미산 자락과 248고지 사이의 애로 지형 입구에 들어섰을 때

중공군의 대전차 포에 피격당해 불길에 휩싸였다.

펑

네 번째 전차도 박격포에 맞았고 중대장 히어스 대위를 포함한 승무원 전원이 전사했다.

쾅!

악

선두 전차가 멈춰 서자 뒤따르던 전차들도 움직이지 못하게 됐다.

끙.

모든 전차 부대가 몰살 될 수 있는 일촉즉발의 상황이다. 위험해.

그때 놀라운 일이 벌어졌다. 구사 일생으로 살아남은 조종수가 전차 를 움직이기 시작한 것이다.

끼이익

이제 됐다. 고립되지 않고 지형을 빠져나갈 수 있다.

크르르

돌격!

전차부대는 다시 파죽 지세로 돌진했다.

전차부대

중공군

크롬베즈 대령의 전차 공격조는 2월 15일 17시쯤 드디어 미 제23연대 전투단, 프랑스 대대와 성공적으로 연결이 되었다.

미 제23연대

전차 공격조

프랑스 대대

지평리 전투는 우리가 졌다.

후퇴 하라!

분하다

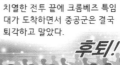

치열한 전투 끝에 크롬베즈 특임대가 도착하면서 중공군은 결국 퇴각하고 말았다.

후퇴!

지평리를 다시 찾았다. 승리의 깃발을 올려라!

와

와

와

중공군은 전투의 패배로 더 이상 남진을 할 수 없게 되었다

실패.

중 공 군

지 평 리

3일간 치러진 치열한 전투에서 프랑스 대대를 비롯한 미 제23연대 전투단은 중공군의 공세를 저지시키고

STOP

다시 반격에 나설 수 있게 되었으며 서울 탈환도 가능해졌다.

서울

양평

지평리

전투에서 패배한 중공군은 공격 개시 1주일 만에 북으로 철수하였다.

개성

38선

서울

지평리 전투는 미군이 중공군과 싸워서 얻은 최초의 전술적인 성공 작전이었다.

VICTORY.

이 전투로 유엔군이 중공군에 대해 자신감을 갖기 시작했으며

필승!

이길 수 있다!

이후 38도선을 회복하는 반격의 중요한 기점이 되었다.

38도선

지평리 전투로 중공군은 약 5,000여 명(전사 4,946명, 포로 79명)의 사상 피해를 입었다.

반면 연합군은 300여 명(52명 전사, 259명 부상, 42명 실종)에 그쳤다.

당시 지평리를 수호하던 UN 군에게 다가온 위협은 중공군의 대병력과 포탄, 총탄만이 아니었다.

그들이 가장 힘들어했던 것은 영하 20도 혹한의 추위였다.

으.

병사들은 제대로 된 방한용품 하나 없이 며칠을 견뎌야 했다.

춥다.

지평리의 강추위는 그들의 생명을 위협하는 또 다른 적이었다.

덜덜덜

특히 프랑스 대대는 한국에 올 당시 날씨나 추위에 대한 대비가 부족했다.

휘이이이

침낭이나 방한용품도 없고

달랑 반팔 군복만 입고 왔습니다.

폴 프리먼의 연대 병력에 가세한 프랑스 대대의 지휘자는 몽클라르 중령이었다.

Ralph
Monclar

그는 제1, 2차 세계대전을 직접 겪은 역전의 용사였다.

원래 계급은 3성 장군인 중장 이었으나 대대 규모의 프랑스 부대를 지휘 하기 위해

파견하는 병력인 대대 급에 맞춰 계급도 중령으로 낮췄다.

몽클라르 장군은 직접 인사, 정보, 작전, 군수 등의 전문 인력을 구성해서

뚜웅

1950년 11월 29일, 부산항 에 도착했다.

뚜우우

아직 끝나지 않았다! 225

전쟁 경험이 풍부한 예비역 해병대, 공수부대를 중심으로

장교 39명, 부사관 172명, 병사 806명으로 구성된 용맹스러운 특수부대였다.

필승!

미 23연대 전투단과 함께 중공군에 대항한 몽클라르 중령의 프랑스 대대는

퍽 퍽 빡

목숨을 걸고 고지를 사수해 지평리 전투를 승리로 이끌었다.

팍 윽 퍽

28번의 전투를 치르는 동안 많은 부상을 입은 몽클라르를 보며

끙

한국 참전을 말리는 그의 아내에게 몽클라르 장군은 이렇게 말했다.

잘 들으시오.

당시 몽클라르 장군은 생후 5개월 된 아들을 두고 있었다.

전쟁터로 향하는 나를 반대하는 당신의 마음도 이해는 해요.

하지만 공산주의 세력은 반드시 무찔러서 한국의 자유를 지켜야 합니다.

네.

이 일은 군인으로 사는 내게 주신 하나님의 명령입니다.

1951년 6월 24일, 몽클라르는 보레이 중령에게 지휘권을 넘기고

!

1951년 12월 6일, 고국 프랑스로 돌아갔다.

뚜웅

그는 귀국 후 다시 중장 계급장을 달고 원래 계급으로 돌아갔다.

진짜 군인.

6·25남침전쟁의 국가적 절명 위기에서 보이지 않는 희생을 통해

나라를 지켜낸 수많은 국내 외 영웅들이 있다.

미 8군 사령관 리지웨이 장군, 프리만, 크롬베즈 대령, 몽클라르 장군 등 지평리 전투에 참여한 영웅들도 기억해야 한다.

War Heroes

지평리 전투에 몸은 바친 미군과 프랑스군 장병들의 명복을 기원한다.

충성!

"한국의 자유를 지키는 것은
하나님이 내게 주신 명령"

장군에서 중령으로 자진 강등,
전쟁 영웅 '랄크 몽클라르'와 프랑스 대대

지평리 전투에서 결코 빼놓을 수 없는 인물이 있다면, 바로 프랑스 대대를 이끈 몽클라르 장군이다. 몽클라르 장군은 6·25 전쟁에 참전하여 영웅적인 모습을 보여준 군인의 전형적인 롤 모델이자 자화상이었다.

▲ 몽클라르 장군

몽클라르 장군은 프랑스 육군사관학교를 우수한 성적으로 졸업하고, 임관 후 제1차 세계대전에도 참여했다. 이후 수많은 전투에 참전해 전과를 올린 몽클라르 장군은 제2차 세계대전 당시 나르미크 전투를 승리로 이끈 연합군의 군단장이자 3성 장군의 프랑스 전쟁영웅이다.

6·25 당시 프랑스는 UN 안전보장 이사회 상임이사국으로서 한국에 전투병을 파병해야 할 책임이 있었지만, 2차 세계대전으로 입은 심각한 피해 복구와 당시 식민지였던 베트남 문제로 한반도에 파병할 병력의 여유가 없었다. 이에 프랑스 정부는 한반도 파병을 부결했는데, 3성 장군 몽클라르 장군이 국방부 차관을 직접 설득하고 파병부대의 지휘관을 자청하여 끝내 파병부대가 결성된다. 하지만 부대의 지휘관은 '중령'이 맡아야 한다는 문제에 봉착한 것인데 몽클라르 장군은 단 망설임 없이 자진해서 5계급을 내려 참전 의사를 밝히고 이로써 프랑스대대의 파병이 결정된 것이다.

물론 프랑스의 전쟁영웅인 몽클라르가 전적으로 강등된 것이 아니고 한국전쟁 파병 기간 동안만 임시로 중령계급으로 내려 대대장을 하겠다는 것이었다. 자신보다 젊거나 경력이 짧은 장교의 지휘도 받아야 했지만, 몽클라르는 개의치 않고 하달되는 명령을 충실히 수행하면서 프랑스대대를 전장에서 훌륭하게 지휘한다.

지평의병, 지평리 전투기념관
경기 양평군 지평면 지평로 357 / ☎ 031-771-6625 /
입장시간 10:00~16:30 (월요일 휴무)

한국전쟁 호국영웅
Heroes, the Korean War

2011.2 몽클라르 장군, 한국전쟁 호국 영웅선정
General Monclar, as Hero of Korean War

프랑스 대대의 백병전

프랑스 대대를 이끈 몽클라르 중령은 중국군의 피리와 나팔 소리에 병사들이 불안해할까 봐 수동식 사이렌으로 맞설 정을 놓았다. 수동식 사이렌에서 나는 엄청난 굉음은 중공군이 불어대던 피리, 나팔, 꽹과리 소리를 순식간에 침재하는 예상치 못한 상황에 중국군을 혼란스럽게 했다. 프랑스 대대는 야태를 놓치지 않고 빨리 수건을 머리에 메고 돌격해, 중국군의 간담을 서늘하게 하여 이긴 심리전에 능한 중국군의 전략에 맞섰다.

지평리 현장의 한국군

당시 프랑스대대 180명(카투사 80여 명, 일반병 100명)의 한국군이 예속되어 있었다. 일반병으로 입대하여 지평리에서 중국군과 치열하게 싸웠던 임정사 참전용사는 다음과 같이 그때를 회상했다.

"2월말 평안 대구유곤본에서 훈련을 받던 동기생 100명은 1951년 2월 10일부로 미제2사단 제23연대 프랑스 대대에 예속되었다. ~ (중략) ~ 우리가 이 프랑스 대대에 예속된 것은 우리가 매우 만반한 상태였으며 프랑스 부대원들의 잘 적응하였다고 도무지였음을 강춘 수가 있었다."

영어 한국군뿐만 아닌 프랑스 대대에 배치된 한국군들은 프랑스 병사들 사이에 섞여서 역사적인 전투를 치르게 된다.

▲ 아버지 몽클라르 장군이 지평리 전투 직후 전장을 찾은 맥아더 사령관과 대화하는 모습을 바라보고 있는 파비안느 여사

▲ 지평리 전투 기념관을 다녀간 관람객들의 감사의 메모

지평리 전투는 1950년 10월 중공군의 개입 이후,

유엔군이 처음으로 대규모 공세를 물리치고 진지를 고수한 전투였다.

이 전투로 중공군은 막대한 손실을 보고 제4차 공세에 실패하게 되었으며,

유엔군은 재 반격의 기틀을 다지게 되었다.

이후 유엔군은 중공군의 공격에 자신감을 갖게 되었으며,

38도선 회복을 위한 반격 작전을 수행할 수 있었다.

▲ 6.25전쟁 당시 유엔군의 지휘 본부로 사용되었던 지평 양조장

지평리 전투의 영웅들

폴 프리먼 대령(Paul L. Freeman)

- 미 2사단 제23연대장
- 박격포탄 파편으로 다리 부상 그러나 후송 거부
- 연결 작전이 필요할 때까지 부대 지휘

"내가 부하들을 이끌고 여기까지 왔다. 내가 반드시 이들을 데리고 나갈 것이다"
(투철한 군인정신 발휘)

몽클라르 중령(Ralph Monclar)

- 프랑스 대대장
- 1, 2차 세계대전에 참전하고 중장까지 진급, 스스로 중령으로 6.25전쟁에 참전

"계급은 중요하지 않다. 곧 태어날 자식에게 UN군의 한 사람으로서 평화라는 숭고한 가치를 위해 참전했다는 긍지를 물려주고 싶다."

마셜 G.크롬베즈 대령
(Marcel G. Crombez)

- 미 제5기병 연대장
- 전차 위주 특수임무부대 편성 악전고투 끝에 연결 작전 성공

용문산 전투

중공 오랑캐 격파의 요지!
세계 전쟁사에서 그 유래를 찾아보기 힘든
단일 전투의 전과

중공군 1개 군단, 3개 사단을 괴멸시킨
국군 6사단 최대승리 용문산 전투

국군 6사단의 현대판
중공군 살수대첩薩水大捷
중공군 수장처水葬處 화천 저수지

지평리 전투(1951년 2.13~15일)에서 미군과 프랑스대대에 의해서 대패당하고 전의를 상실한 중공군(제39군 6개 연대)에 이어 중공군 19병 단 63군 3개 사단이 이번엔 용문산 전투에서부터 시작, 국군 6사단(사단장 장도영 준장)에 의해서 북쪽으로 쫓기다 5월 24~30일 화천(파로호) 저수지 일대에서 전사자 24,141명, 포로 7,905명 등

▲ 6사단 장도영 사단장

파죽지세로 노도처럼 밀고 내려오던 중공군 제19병 단 제63
군 3개 사단(제187, 제188, 제189사단)의 현 경기도 양평군 용
문산 전투에서의 대패는 중공군 전사에 길이길이 불명예로
회자될 정도로 대량 몰살(수장水葬) 당한 참담한 전투였다.

중공군 1개 군단, 3개 사단의 대병력 3만 2천46명이 전사
하거나 포로가 되는 막대한 전력손실을 입었다. 실종자
는 집계가 불가할 정도였다.

남의 땅에 와서 수많은 우리 국민의 피를 흘리고 이 땅을
유린하고 짓밟았으니 이 정도의 대가는 조족지혈에 불
과한 것이다. 파죽지세로 노도처럼 밀고 내려오던 중공
군 제19병 단 제63군 3개 사단(제187, 제188, 제189사단)
의 현 경기도 양평군 용문산 전투에서의 대패는 중공군
전사에 길이길이 불명예로 회자될 정도로 대량 몰살(수
장水葬) 당한 참담한 전투였다.

용문산 전투

이 전투의 승리로 제6사단은 국군의 단독 전투로는
사상 최대의 전과를 올리며 4월 공세 때
사창리 전투의 패배를 설욕함과 동시에 청성사단의
명예를 되찾게 되었다.

1951년 중공군의 5월 공세 때 경기도 양평군 용문산 일대에서 주저항선을 형성한 국군 제6사단은 효과적인 사주 방어작전과 막강한 화력 지원을 통해 중공군 제63군 예하 3개 사단(제187,188,189사단)의 공격을 격퇴하고 화천 발전소까지 60km를 추격하였다. 이 전투의 승리로 제6사단은 국군의 단독 전투로는 사상 최대의 전과를 올리며 4월 공세 때 사창리 전투의 패배를 설욕함과 동시에 청성사단의 명예를 되찾게 되었다. 공산군 측은 용문산 전투의 패배에 따른 5월 공세의 실패로 마침내 휴전을 제의하게 되었다.

▲ 승전 소식 후 파로호를 찾은 이승만 대통령
(뒤에 있는 사람이 장도영 준장)

참전지휘관

제6사단장 준장 장도영

제2연대장	중령	송대후	제19연대장	대령	임익순
제1대대장	대위	홍재익	제1대대장	소령	김준고
제2대대장	소령	김덕복	제2대대장	중령	박주근
제3대대장	대위	김두일	제3대대장	소령	박종길
제7연대장	대령	양중호	제27포병대대장	소령	박정호
제1대대장	소령	인성훈	사단공병대대장	중령	박정채
제2대대장	소령	민방목	사단교육대장	소령	전동식
제3대대장	소령	송광보			

용문산 전투 지세도

1951년 5월의 용문산 전투에 대한
상세한 전황을 지형도에 옮겨 기록한 자료로,
당시의 치열한 전투 상황을 엿볼 수 있다.

1951년 5월의 용문산 전투에 대한 상세한 전황을 지형도에 옮겨 기록한 자료로, 당시의 치열한 전투 상황을 엿볼 수 있다. 이를 통해, 중공군 3개 사단의 대규모 공격 이동로와 이에 맞선 국군 제6보병사단의 방어선 구축 실태를 살필 수 있다. 자세한 전황을 효과적으로 설명하기 위하여 여러 장의 소축척 지형도를 이어 붙여 제작하였으며, 근래에 제작된 것으로 보인다.

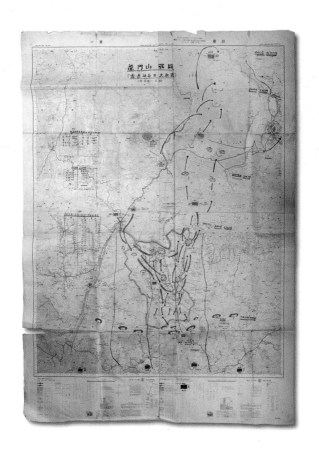

용문산 지구 전적비(신점리)

▲ 용문산 지구전적비 비문

용문산 지구 전투전적비(광탄리)

용문산 전투를 계기로 중공군 개입 이후 줄곧
수세에 몰렸던 UN군은 공세로 전환을 역전할 수 있었다.
용문산 전투와 관련한 기념비는 양평(광탄리, 신점리)에
각각 소재한다.

용문산 전투는 한국전쟁 중에 국군 제6보병 사단이 중공군의 '제2차 춘계공세'를 저지한 방어 전투로, 1951년 5월 18일부터 21일 사이에 있었다. 국군 제6보병사단은 용문산 일대에 주저항선을 형성하는 한편, 경계 부대(2연대)를 용문산 전방의 홍천강과 청평강 남안(南岸)으로 후진 배치하여 방어에 임하고 있었다. 중공군 제63군 예하 3개 사단(제187,188,189사단)이 경계 부대를 주요 방어 병력으로 오판하고 총공세를 감행하자, 2연대 국군 장병들은 열악한 환경에서도 물러서지 않고 중공군을 타격하였다.

이후 중공군의 전력이 약화된 기회를 포착하여 반격을 가해 이들을 격퇴하고 공격 이전 하여, 가평과 춘천을 거쳐 화천발전소까지 진출하여 많은 전과를

획득하였다. 용문산 전투를 계기로 중공군 개입 이후 줄곧 수세에 몰렸던 UN군은 공세로 전황을 역전할 수 있었다. 용문산 전투와 관련한 기념비는 양평(광탄리, 신점리)에 각각 소재한다.

▲ 중공군 포로

국군 6사단 2연대 1대대

▲ 결사 철모
용문산 전투에서 국군 제6보병사단 장병이 사용한 군용 철모로 죽을힘을 다하여 싸우겠다고 다짐하며 '결사(決死)'라는글자를 쓴 것이 특징적이다.

결사 철모 決死 鐵帽

용문산 전투에 나섰던 국군 제6보병사단(청성부대) 장병이 사용한 군용 철모이다. 용문산 전투 직전 사창리 전투에서 굴욕적인 패배를 당한 국군 제6보병사단 예하 2연대 장병들은 치욕을 씻기 위해 필사의 항전을 다짐하며, 철모에 붉은색 페인트로'결사'라는 글자를 쓰고 전투에 나섰다고 한다. 종군기자의 기록 사진에는 흰 천에 '決死'라고 쓰고 이를 군용 철모에 두른 채 전장에 나서는 청성부대 장병들의 모습이 담겨 있다.

▲ 파로호에 세워진 기념비

만약, 지평리 전투와 용문산 전투의
승리가 없었다면 6·25전쟁의 향방은
어떻게 되었을까?

1950년, 북한의 불법 남침으로 6.25전쟁이 발발했다.

돌격
하라!

콰콰콰콰쾅

쿵

전쟁 초기엔 북한이 승리하는 듯
보였다.

콰 쾅

그러나 유엔군과 국군의 방어
로 전세가 역전됐다.

북
한

1950년 9월 5일, 연합군 총사령관인
맥아더 장군은 인천상륙작전을 감행
해 9월 28일에 서울을 수복했다.

9.28 서울 수복

아직 끝나지 않았다! 249

인천상륙작전 이후 국군과 연합군은 반격에 나서 압록강 유역까지 진격해 전쟁이 곧 끝날 것 같았다.

압 록 강

국군
연합군

그러나 10월부터 엄청난 수의 중공군이 개입하자 국군은 다시 38선 이남으로 철수했다.

와

와

1951년 1월 4일에는 서울마저 포기하고

후퇴!

38선

서울

평택과 삼척을 잇는 북위 37도선 지역까지 물러났다.

삼척

평택

37선

울진

그러나 곧 다시 반격을 시작해 3월 15일 서울을 탈환했으며

4월에는 기존의 38선 지역까지 진출했다.

38선

국 군

중국군과 북한군은 4월 말에 대공세를 펼치며 남하해 왔으나

국군과 유엔군은 공세를 저지하고 서울을 지켜냈다.

용문산 전투는 1951년 5월 17일부터 22일까지의 중공군 공습에 맞선 국군 제6사단이

타! 타! 타!

타! 타! 타! 타!

탕!

용문산과 가평 일대에서 중공군 3개 사단을 격멸한 전투이다.

국군

중공군

한국전쟁 당시 국군의 물자와 장비는 매우 열악했고 훈련도 부족했다.

그래서 인민군의 지원 병력으로 참전한 중공군은 1951년 4월 부터

UN군 보다 상대적으로 만만한 국군의 방어 라인인 동부전선을

집요하게 노리는 전략을 취했다.

고성

인제 양양

평창 강릉

정선

이로 인한 대표적인 전투가 6.25 전쟁 최악의 패전 중 하나인

현리전투이다.

1천 명의 사상자와 행방불명자를 냈다.

모택동은 김일성의 요청을 받고 6.25 전쟁에 참전하기로 결정한 후

毛澤東

중공군 사령관 팽덕회에게 명령했다.

彭德懷

유엔군보다는 약한 한국군을 집중 공격하라!

넷! 알겠습니다.

팽덕회가 이끄는 중공군은 파죽지세로 국군 방어선을 무너뜨리고 남한으로 내려왔다.

중공군의 집중 공격을 받은 국군은 정신없이 후퇴할 수밖에 없었다.

콰앙

한국군은 강원도 화천군 사창리까지 남하했다.

후퇴!

철원

사창리

화천

양구

사창리 전투는 1951년 4월 22일부터 4월 24일까지 화천군 사창리와 화악산 일대에서

중공군 4개 사단의 공격을 받은 국군 제6사단이 패배한 싸움이다.

사창리

화악산

인천상륙작전 이후 가장 먼저 압록강에 도달한

국군 내에서 가장 우수하다는 제6보병사단도 이때 치욕적인 패배를 경험했다.

타타타

위험하다 후퇴하라!

제대로 된 전투도 없이 사단 전체가 도망치기에 바빴다.

병사들은 장비와 무기도 버리고 무질서하게 후퇴했다.

후퇴!

달려!

갑자기 전선이 무너지자 미군
포병부대도 급히 후퇴해야만
했다.

Help me!

6사단이 사창리 전투에서 패배한
이후 미군은 겁쟁이들이라고 비웃
었다.

장도영
사단장

겁쟁이 블루스타! 당신들
전쟁할 줄 알아?

제8군
사령관
리지웨이

블루 스타'는 제6사단의 심벌
마크였다.

제6사단

제6사단 장병들은 분노의
눈물을 흘렸다.

으아!

분하고 화가
난다!

반드시 복수
해 주겠다!

으...

장도영 준장이 지휘하는 제6사단 장병들은 설욕을 벼르고 있었다.

가자!

반드시 블루 스타의 명예를 회복해야 한다!

필승!

제6사단은 청성부대란 명칭처럼 철모 양측에 푸른색 별 마크가 있었다.

그 위로 머리띠를 감았는데 결사 란 두 글자가 선명했다.

決

용문산에서 뼈를 묻겠다는 각오였다.

목숨을 바치겠다!

決死

오욕을 씻지 않고서는

살아오지 않겠 습니다!

決死

6사단은 부대를 급히 재편했다.

다시 공격한다 준비하라

6사단에게는 경기도 양평군의 용문산 일대를 방어하라는 명령이 하달됐다.

STOP

용문산 일대는 적의 공격을 방어하기에 유리한 곳이었다.

중 공 군

북한강

6 사 단

용문산

남한강

홍천강, 북한강, 남한강 등 3면이 중공군의 공격 막아주는 역할을 했다.

끙.

기복이 심한 높은 산들이 중공군 접근을 막아준다.

이겨야 한다!

공격하기가 매우 까다로운 지형
이다 그러나 포기할 수는 없다!

용문산을 점령하라
6사단을 파괴하라!

깍

1951년 5월 17일, 중공군은
3개 사단을 투입하여

대대적인 공격을 시작했다.

타타타타

돌격!

타타

탕탕탕

와아아아

북한강은 춘천-화천-양구로, 남한강은 여주-충주로 이어지는 뱃길이 되었고

또한 홍천-인제 방면과 횡성-원주 방면의 도로가 교차하는 육상 교통로의 요지였다.

용문산 고지를 점령 해야 남부 공격에 성공 할 수 있다!

돌격!

콰

와아아아아

와

중공군은 3개 사단 27,000명을 투입했다.

중공군은 국군 6사단의 10배에 달하는 엄청난 군대였다.

돌격!

앞으로!

탕

타타타타타

공격에 나선 병력은 사창리 전투에서 승리한 중공군 3개 사단이었다.

우리는 이전 전투에서도 승리했다.

이길 수 있다 공격하라!

뺨 빠라

빠바 빠바 빠바

5월 18일 낮 시간 동안 중공군은

국군 제6사단 전초진지인 제2연대를 향해 공격을 퍼부었으나

제2연대는 수적인 열세에도 불구하고 맹렬하게 저항했다.

타타타타타

진지를 사수하라 물러설 수 없다!

지켜야 한다!

탕탕탕

2연대는 물량이 절대적으로 부족했지만 후퇴하지 않고

타타타 탕탕

목숨을 다해 진지를 지키며 항전했다.

포기하지 마라!

타타타타타

국군 2연대가 제자리를 지키며 항전하자 중공군은 당황했다.

2연대가 국군의 주력부대인가?

이렇게 강력하게 공격했는데도

뒤로 빠지지 않고 방어를 한다고?

그때 미국 공군과 인근의 7개 포병 대대가

19일 하루에만 포탄 3만 발을 퍼부어댔다

저항이 엄청 심한데?

그렇다면? 이곳이

한국군의 주저항선이 틀림없다!

중공군은 그렇게 오판을 하고 3개 사단이 덤벼들었다.

와아아

다 때려 부숴라!

총 공격!

와아

용문산 지역만 뚫으면 동부전선이 붕괴될 것이다.

돌격!

중공군은 후방의 예비 사단까지 끌어들여 총공세에 나섰다.

와아아

중공군의 돌격에 소대장은 전사했고 중대장은 후퇴하고 말았다.

비상 사태다!

콰콩

대부분의 병력이 참호에 몸을 숨기고 있을 때

서기종 일병이 소총 사격과 함께 빼앗긴 진지로 달려가며 외쳤다.

탕

탕탕

물러서면 전부 죽는다!

지원부대가 곧 온다! 돌격 앞으로!

탕탕

탕

그때 중대의 나팔수가 나팔을 울렸고

빰빠라밤!

중대원들이 일제히 참호를 뛰쳐나갔다.

돌격~

이제부터 백병전이다!

서기종 일병의 외침에 중대원들은 큰 용기를 얻었다.

와

와

와아아

두려워하지 말라! 적군을 물리치자.

국군이 갑자기 반격하자 중공군들이 당황하기 시작했다.

?

이거 뭐지? 후방에 더 많은 병력이 있었나?

돌격하라! 후퇴는 없다.

큰일 났다. 우리 보다 더 많은 병력이 반격하는 것 같다!

국군들은 용기를 되찾아 강력하게 반격했다.

돌격 앞으로!

중공군은 기세에 눌려 퇴각하기 시작했다.

후퇴하라!

6사단은 용문산 전투에서 승리했고

사창리 전투에서 패배한 불명예를 씻게 되었다.

6사단의 피해는 전사 107명. 중공군은 2만 명이 사망했다.

기회를 잡았다! 돌격 앞으로.

6사단은 미 9군단 예하 각 사단과 함께 북상하면서 추가적인 작전을 벌였다.

타타타타

끝까지 따라 잡아라!

탕탕

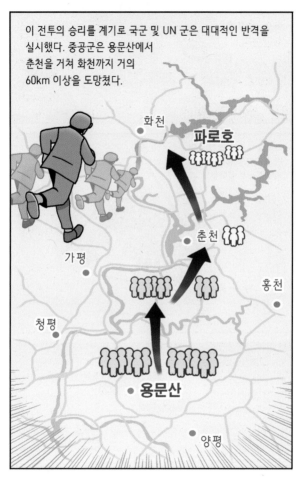

이 전투의 승리를 계기로 국군 및 UN 군은 대대적인 반격을 실시했다. 중공군은 용문산에서 춘천을 거쳐 화천까지 거의 60km 이상을 도망쳤다.

적의 퇴로를
차단했다!

탕
탕

독안에 든 쥐다!
승리할 수 있다!

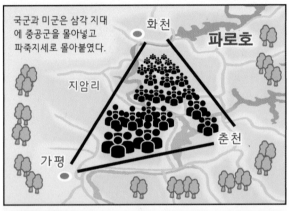

국군과 미군은 삼각 지대
에 중공군을 몰아넣고
파죽지세로 몰아붙였다.

화천

파로호

지암리

춘천

가평

유엔군은 항공기로
지원사격에 나섰다.

부우웅   쾅 쾅

푸른 저수지는 붉게 물들었고 시체가 둥둥 떠다녔다.

부패된 시체들로 인해 물을 마실 수가 없어서

다른 마을의 우물을 이용할 정도였다.

화천 저수지 일대가 중공군의 시신 썩는 냄새로 진동했다.

냄새가 심해서 코에 마늘을 넣고 행군하기도 했습니다.

461번 도로에도 중공군의 시체가 좁은 길을 메우고 있었고

능선과 계곡마다 시체들이 널려 있었다.

......

중공군은 도주 과정에서 2만 4천여 명이 사망했고

항복.

8천여 명이 포로로 잡혔다.

6사단의 강인한 의지는 용문산 일대를 방어했고

전례 없는 대승으로 사창리 전투의 불명예도 씻을 수 있었다.

중공군을 몰아내고 대승을 거뒀다는 소식이 알려지면서

이승만 대통령이 화천 저수지를 직접 방문했다.

찍~

수고들 많았습니다.

이 대통령은 오랑캐를 격파한 호수라는 뜻으로 '파로호'라는 이름을 지어 주었다.

그들을 깨뜨렸다는 점에서 '파'라고 하고

破

중공군을 북방의 침략자 '오랑캐'라는 의미에서 '로'라고 한 것이다.

虜

중공군 수만 명을 격파해 수장한 파로호 전투는

악!

'현대판 살수대첩'이라고 할 수 있다.

으악!

1.4후퇴 이후 UN은 지속적으로 휴전 협정을 요청했는데

휴전합시다.

싫다

용문산 전투가 정말 중요한 역할을 하게 됐다.

이겼다!

용문산과 파로호 전투로 큰 손실을 입은 중공군은

더 이상 버틸 수가 없었다. 결국 휴전 회담을 하는데 큰 기여를 한 전투가 용문산 전투였다.

아직 끝나지 않았다! 277

용문산 전투는 북한강 이남 전선을 60km 북상시켰고

60km

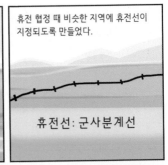

휴전 협정 때 비슷한 지역에 휴전선이 지정되도록 만들었다.

휴전선: 군사분계선

6사단의 강인한 의지는 용문산 일대를 막고 중공군을 격퇴했다.

6사단은 더 이상 '겁쟁이 블루스타'가 아니고 빛나는 별이 되었다.

필 승!

멸공의 횃불

아름다운 이 강산을 지키는 우리 사나이 기백으로 오늘을 산다
포탄의 불바다를 무릅 쓰면서 고향 땅 부모 형제 평화를 위해
전우여 내 나라는 내가 지킨다 멸공의 횃불 아래 목숨을 건다

조국의 푸른 바다 지키는 우리 젊음의 정열 바쳐 오늘을 산다
함포의 벼락불을 쏘아 부치며 겨레의 생명선에 내일을 걸고
전우여 내 나라는 내가 지킨다 멸공의 횃불 아래 목숨을 건다

자유의 푸른 하늘 지키는 우리 충정과 투지로서 오늘을 산다
번갯불 은빛 날개 구름을 뚫고 찬란한 사명감에 날개를 편다
전우여 내 나라는 내가 지킨다 멸공의 횃불 아래 목숨을 건다

조국의 빛난 얼을 지키는 우리 자랑과 보람으로 오늘을 산다
새 역사 창조하는 번영의 이 땅 지키고 싸워 이겨 잘 살아가자
전우여 내 나라는 내가 지킨다 멸공의 횃불 아래 목숨을 건다

6·25전쟁 상황지도

1. 개전 직전 국군과 북한군의 대치상황

(1950. 6. 24 현재)

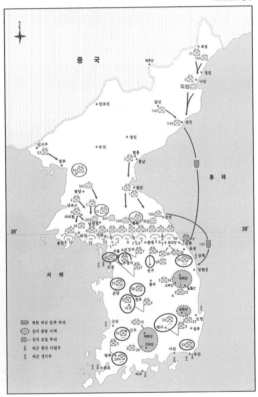

2. 북한의 남침과정

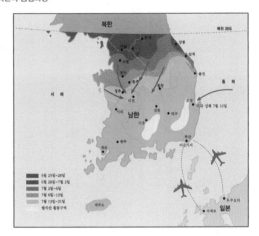

3. 중공군 참전 초기 전개상황

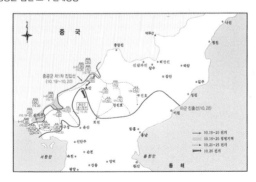

아직 끝나지 않았다! 281

인명 피해

○ 국군 전/사망 및 실종자

(단위: 명)

구분	계	전사/사망	부상	실종	포로
한국	621,479	137,899	450,742	24,495	8,343

✧ 전사/사망에는 부상, 실종, 포로 중 사망 포함.
✧ 포로 수는 교환포로와 추가 송환포로를 포함, 송환거부포로는 제외한 수치.

• 자료: 국방부 군사편찬연구소 홈페이지(2013년 현재).

○ 유엔군 전/사망 및 실종자

(단위: 명)

구분	참전현황		피해현황				
	연인원	참전군	계	전사/사망	부상	실종	포로
	1,938,330		154,878	40,667	104,280	4,116	5,815
미국	1,789,000	육·해·공군	137,250	36,940	92,134	3,737	4,439
영국	56,000	육·해군	4,908	1,078	2,674	179	977
캐나다	25,687	육·해·공군	1,557	312	1,212	1	32
터키	14,936	육군	3,216	741	2,068	163	244
오스트레일리아	8,407	육·해·공군	1,584	339	1,216	3	26
필리핀	7,420	육군	398	112	229	16	41
태국	6,326	육·해·공군	1,273	129	1,139	5	-
네덜란드	5,322	육·해군	768	120	645	-	3
콜롬비아	5,100	육·해군	639	163	448	-	28
그리스	4,992	육·공군	738	192	543	-	3
뉴질랜드	3,794	육·해군	103	23	79	1	-
에티오피아	3,518	육군	657	121	536	-	-
벨기에	3,498	육군	440	99	336	4	1
프랑스	3,421	육·해군	1,289	262	1,008	7	12
남아공	826	공군	43	34	-	-	9
룩셈부르크	83	육군	15	2	13	-	-

• 자료: 국방부, 『국방백서』, 2012.

〉 공산(중공)군 전/사망 및 실종자

(단위: 명)

구분	전투 피해				비전투 피해
인원	전사	부상	실종/포로	계	
계	116,000여	220,000여	29,000여	366,000여	25,000여

• 자료: 『중화인민공화국사편년』, 당대연구소, 1953, 2009, 438쪽.

■ 참전(전투병력 파견) 16개국

미국 / 영국 / 캐나다 / 호주 / 터키 / 필리핀 / 태국(타이) / 네덜란드

연인원병력1,789,000명 전 사 자 : 33,642명
연인원병력56,000명 전 사 자 : 1,088명
연인원병력25,687명 전 사 자 : 516명
연인원병력8,764명 전 사 자 : 339명
연인원병력14,936명 전 사 자 : 1,005명
연인원병력7,420명 전 사 자 : 112명
연인원병력6,326명 전 사 자 : 129명
연인원병력5,322명 전 사 자 : 124명

콜롬비아 / 그리스 / 뉴질랜드 / 에티오피아 / 벨기에 / 프랑스 / 남아연방 / 룩셈부르크

연인원병력5,100명 전 사 자 : 213명
연인원병력4,992명 전 사 자 : 186명
연인원병력3,794명 전 사 자 : 43명
연인원병력3,518명 전 사 자 : 122명
연인원병력3,498명 전 사 자 : 106명
연인원병력3,421명 전 사 자 : 269명
연인원병력826명 전 사 자 : 35명
연인원병력83명 전 사 자 : 2명

■ 의료지원 5개국

노르웨이 / 인도 / 덴마크 / 스웨덴 / 이탈리아

연인원병력5,100명 전 사 자 : 213명
연인원병력4,992명 전 사 자 : 186명
연인원병력3,794명 전 사 자 : 43명
연인원병력3,518명 전 사 자 : 122명
연인원병력3,498명 전 사 자 : 106명

■ 물자 및 재정지원 39개국

아르헨티나 / 오스트리아 / 버마(미얀마) / 캄보디아 / 칠레 / 코스타리카 / 쿠바 / 도미니카공화국

1952. 5. 의원 / 1952. 5. 의원 / 1951. / 1953. 12. 의원 / 1951. / 1951. / 1953. 6.

에콰도르 / 이집트 / 엘살바도르 / 과테말라 / 아이티 / 온두라스 / 헝가리 / 아이슬란드

1951. / 1953. 12. 의원 / 1952. 12. 의원 / 1952. 12. 의원 / 1954. 8. 의원 / 1954. 8. 의원 / 1952. 5. 의원 / 1951.

인도네시아 / 이란 / 이스라엘 / 자메이카 / 일본 / 레바논 / 라이베리아 / 리히텐슈타인

1952. 12. 의원 / 1952. 6. 의원 / 1951. / 1951. / 1951. / 1951. / 1951. / 1956. 6. 의원

멕시코 / 모나코 / 파키스탄 / 파나마 / 파라과이 / 페루 / 자유중국 / 사우디아라비아

1951. / 1954. 6. 의원 / 1951. / 1953. 12. 의원 / 1954. 8. 의원 / 1952. 6. 의원 / 1952. 6. 의원 / 1952. 12. 의원

스위스 / 시리아 / 우루과이 / 바티칸(교황청) / 베네수엘라 / 베트남 / 서독

1952. 6. 의원 / 1953. 12. 의원 / 1954. 8. 의원 / 1953. 6. 의원 / 1951. / 1952. 12. 의원 / 1954. 9. 의원

■ 지원 의사 표명국 3개국

볼리비아 / 브라질 / 니카라과

6·25 전쟁으로 인한
교회(인명)의 손실

6·25 전쟁을 겪으면서 받은 국민 전체의 손실과 참화는 말로 다 할 수 없지만, 기독교가 받은 참상 또한 이루 말할 수가 없다. 교회는 800개 이상이 파괴되었고 손양원 목사와 저명한 부흥강사 김익두 목사, 문준경 전도사 등 수많은 목회자들과 성도들이 북괴에 의해서 처참하게 죽임(순교)을 당했다.

파괴된 교회 수만 해도 남한에서만 장로교 514교회, 감리교 239교회, 성결교 106교회, 구세군4영문, 기타 교파에서도의 손실은 막심했다. 순교 납치당한 교역자는 장로교 177명, 감리교 44명, 성결교 11명, 성공회 6명 등 이외에 알려지지 않고 목숨을 잃거나 납북된 기독교 지도자들이 수없이 많다.

일례로 원산에서는 후퇴하던 인민군이 기독인과 지식인 500여 명을 방공호에 몰아 놓고 산채로 흙을 덮어 산매장 시켰다. 전북 옥구의 원당교회에서도 78명의 교인 중 75명이 학살당했다. 전남 영광의 염산교회 김방호 목사 가족은 8명 중 7명이 동시에 살해당하고, 교인77명이 함께 순교 당했다. 또한, 야월교회 69명이 모두 순교 당한 사건 등, 잔악한 좌익들과 북괴 공산당에 의한 기독교의 피해는 이루 헤아릴 수가 없을 정도이다.

▲ 좌익들이 교인들을 돌에 산 채로 매달아 죽임

▲ 염산교회와 야월교회 교인들이 수장되는 모습

▲ 좌익들의 죽창 찌르기

자유대한민국의 國父,
건국 대통령 이승만
2025년 8.15, 77주년 건국절
이승만은 자유대한민국의 建國 대통령이며
진정한 國父로서 존경받을만한 보석 같은 존재이다.

하나님께서 세우신 나라
자유민주주의 대한민국

대한민국 제헌국회 기도문

대한민국의 첫 헌법은 이 기도의 정신을 바탕으로 만들어졌다.

우리에게 독립을 주신하나님!

제헌국회 개원 식에서 연설하는 국회의장 이승만

1948년 5월 31일, 대한민국의 역사적인 제헌국회 개원식이 거행되었다. 초대의장에 이승만, 부의장에 신익희, 김동원 의원이 선출되었다. 이날 의원 일동이 기립하여 감사기도를 올렸다. 당시는 '정치와 종교는 분리된다'라는 헌법조항이 없었기에 허용되었다. 임시의장 이승만 박사가 의장석에 등단하여 전 국회의원들에게 먼저 하나님께 기도하자고 제의하고, 이윤영 의원(목사)이 기도했다.

▶ 임시의장(이승만)

대한민국 독립민주국 제1차 회의를 여기서 열게 된 것을 우리가 하나님에게 감사해야 할 것입니다. 종교, 사상 무엇을 가지고 있든지, 누구나 오늘을 당해가지고 사람의 힘으로만 된 것이라고 우리가 자랑할 수 없을 것입니다. 그러므로 하나님에게 감사를 드리지 않을 수 없습니다. 나는 먼저 우리가 다 성심으로 일어서서 하나님에게 우리가 감사를 드릴 터인데 이윤영 의원 나오셔서 간단한 말씀으로 하나님에게 기도를 올려주시기를 바랍니다.

▶ 이윤영 의원 기도(일동기립)

이 우주와 만물을 창조하시고 인간의 역사를 섭리하시는 하나님이시여 이 민족을 돌아보시고 이 땅에 축복하셔서 감사에 넘치는 오늘이 있게 하심을 주님께 저희들은 성심으로 감사하나이다. 오랜 시일동안 이 민족의 고통과 호소를 들으시사 정의의 칼을 빼서 일제의 폭력을 굽히시사 하나님은 이제 세계만방의 양심을 움직이시고 또한 우리 민족의 염원을 들으심으로 이 기쁜 역사적 환희의 날을 이 시간에 우리에게 오게 하심은 하나님의 섭리가 세계만방에 현시하신 것으로 믿나이다.

하나님이시여, 이로부터 남북이 둘로 갈리어진 이 민족의 어려운 고통과 수치를 신원하여 주시고 우리 민족 우리 동포가 손을 같이 잡고 웃으며 노래 부르는 날이 우리 앞에 속히 오기를 기도하나이다. 원컨대, 우리 조선독립과 함께 남북통일을 주시옵고 또한 민생의 복락과 아울러 세계평화를 허락하여 주시옵소서.

거룩하신 하나님의 뜻에 의지하여 저희들은 성스럽게 택함을 입어 가지고 글자 그대로 민족의 대표가 되었습니다. 그러하오

나 우리들의 책임이 중차대한 것을 저희들은 느끼고 우리 자신이 진실로 무력한 것을 생각할 때 지와 인과 용과 모든 덕의 근원되시는 하나님께 이러한 요소를 저희들이 간구하나이다.

이제 이로부터 국회가 성립되어서 우리 민족의 염원이 되는 모든 세계만방이 주시하고 기다리는 우리의 모든 문제가 원만히 해결되며 또한 이로부터서 우리의 완전 자주독립이 이 땅에 오며 자손만대에 빛나고 푸르른 역사를 저희들이 정하는 이 사업을 완수하게 하여 주시옵소서.

하나님이 이 회의를 사회하시는 의장으로부터 모든 우리 의원 일동에게 건강을 주시옵고, 또한 여기서 양심의 정의와 위신을 가지고 이 업무를 완수하게 도와주시옵기를 기도하나이다. 역사의 첫걸음을 걷는 오늘의 우리의 환희와 우리의 감격에 넘치는 이 민족적 기쁨을 다 하나님에게 영광과 감사를 올리나이다.

이 모든 말씀을 주 예수 그리스도 이름 받들어 기도하나이다. 아멘. (이윤영 목사는 기독교대한감리회 목사이다)

근대사를 상기해 보면 초대 대통령 이승만은 1945년 크리스마스를 국경일로 지정하고 기독교계의 요구를 수용해 형목 제도를 만들어 교도소 교화 사업을 기독교가 전담하도록 했다. 1947년 서울 중앙방송을 통해 선교 방송을 하게 하였으며, 국기 우상화, 반대 운동을 펼쳐 국기 배례를 '주 목례'로 바꾸고, 군종 제도를 실시해 군 선교를 하도록 했다. 또 경찰 선교를 시행하고, 기독교 청년회(YMCA) 등 기독교 단체에 후원하였으며, 1954년에 기독교 방송국을, 1956년에 극동방송을 설립하여 이에 따라 군의 경우 1950년 군종창설 당시 5%에 불과했던 군내 기독교인 비율은 1956년 15%까지 상승했다.

이승만은 해방 뒤 귀국해 1945년 11월 한 연설에서 "지금 우리나라를 새로이 건설하는 데 있어서 튼튼한 반석 위에다 세우려는 것입니다" "오늘 여러분이 예물로 주신 이 성경 말씀을 토대로 해서 세우려는 것입니다. 부디 여러분께서는 하나님의 말씀으로 반석을 삼아 의로운 나라를 세우기를 위해 매진합시다."라고 했다.

이어 1946년 3.1절 기념식에서는 "한민족이 하나님의 인도하에 영원한 자유 독립의 위대한 민족 으로서 정의와 평화와 협조의 복을 누리도록 합시다."라고 했다. 또 1948년 5월 27일 국회의원 예비회의에서 임시의장으로 선출, '하나님과 순국선열과 3천만 동포 앞에 감사 선서함'이란 문구의 선서문을 채택했다. 이어 4일 뒤인 1948년 5월 31일 제헌국회 개원식에선 "대한민국독립 민주 국회 제1차 회의를 열게 된 것을 하나님께 감사해야 할 것"이라며 당시 제헌국회 의원이자 감리교 서부연회장인 이윤영 목사를 단상에 불러 기도를 부탁했다.

역사적인 대한민국 처음 국회가 목사의 기도로 문을 열었다는 것이다. 이승만은 그해 7월 24일 대통령의 취임식에서도 하나님의 은혜를 되새기며 "오늘 대통령 선서하는 이 자리에서 하나님과 동포 앞에 나의 직책을 다하기로 한 층 더 결심하며 맹세합니다."라고 밝혔다. 이는 하나님께 약속한 일이 이 민족 가운데 이루어지게 하는 사명 의식이 필요하다는 것을 상기시키는 대통령 취임사였다.

이렇게 대한민국은 건국 초기에 하나님과의 언약의 당사자로 국가적인 차원에서 1948년 5월 31일 하나님과의 분명한 언약 관계를 맺었다. 동족상잔의 비극인 6·25 3년 전쟁의 폐허 속에서 혹자는 당시, 대한민국이 전쟁의 폐허를 복구하려면 족히 100년은 걸려야 회복이 될 것이라고 할 정도로 그 참상은 실로 끔찍했다. 전 국토는 회생 불가할 정도로 완전 초토화되어버렸다. 우리 민족이 6·25의 폐허를 급속도로 복구하고 산업, 군사, 경제, 교육, 문화 등을 기적같이 발전, 부흥시킨 것은 집권자의 지도력이나, 기업의 공헌, 국민의 근면에서만 기인했다고 설명할 수는 없다.

6·25의 참상을 겪은 하나님과 언약의 당사자인 한국교회의 간절한 눈물의 기도가 있었기 때문임은 두말할 나위가 없다. 하나님께서는 하나님과 언약 관계의 당사자인 우리 자유대한민국을 빠르게 회복시켜주셨다. 대한민국을 세계 10대 경제 대국, 군사, 교육, 문화 대국으로 만들어주셨고 세계 선교 대국이 되게 하셨다. 넘치는 부요와 풍요로움 속에 부족한 것이 없을 정도도 잘 먹고 잘살도록 축복의 통로로 길을 활짝 열어주신 것은 하나님과의 언약의 당사자로서 가정과 사회, 문화, 국가를 성서 위에 바르게 세우는 건전한 기둥을 이루도록 한국교회에 주신 사명이요 몫이었기 때문이다.

▲대한민국 제헌국회 헌법 기초위원회 일동(1948년 7월)

아름드리나무, 든든한 뿌리와 같은 이승만

사람이나 나무는 그 근원과 생명의 원천인 뿌리가 있듯이, 정상적인 국가라면 국가의 뿌리인 건국일과 건국 대통령이 반드시 존재한다. 마찬가지로 자유대한민국의 뿌리와 건국 대통령도 당연히 존재할 수밖에 없으며, 올바른 역사관과 사고를 하는 사람이라면 그 뿌리가 우남羽南 이승만李承晩 대통령임을 부인할 수 없을 것이다. 뿌리가 없는 나무가 생존할 수 없듯이 이승만을 잊은 대한민국은 있을 수 없다. 대한민국의 건국과 이승만은 떼려야 뗄 수 없는 불가분不可分의 관계이다.

이승만은 오늘의 자유대한민국이라는 아름드리나무의 든든한 뿌리와 같은 존재였다. 만약, 이승만이 없었다면 십중팔구 우리는 지금, 조선민주주의인민공화국 공산 공포 정권 치하에서 김일성 삼부자 만세삼창을 목이 터져라 외치며, 그들의 동상 앞에 꿇어 엎드린 채 죽지 못해 근근이 초근목피草根木皮의 비참한 삶을 살아가고 있을 것이다.

지난 문재인 정부는 이승만의 건국을 인정하지 않고 임시 정부를 대한민국의 뿌리라고 인식하는데서 시작됐다. 대한민국을 태어나지 말았어야 할 나라라고 규정했다. 완전한 역사 왜곡이다. 태어나지도 않은 나라가 75년 동안 이렇게 잘 먹고 잘살 수는 없다. 세상에 태어나지 말았어야 할 존재는 그 무엇도 없다. 안철수는 과거 문재인 정부를 7無 대통령이라 말하며 과는 많고 공은 하나도 없는 유일한 정권이라고 진단했다.

이승만의 결단과 리더십, 국제적 감각과 외교력, 뛰어난 통찰력까지 그가 없었으면 전쟁에서 살아남을 수 있었을까? 그는 대한민국의 초대 대통령으로 대한민국의 건국을 세계에 선포한 대통령이며, 공산침략으로부터 나라가 풍전등화에 처해 있을 때 기도로 나라를 구한 구국 대통령이다.

대한민국은
어떻게 탄생했을까?

- 해방 그리고 건국 -

나는 가끔 우리나라도 독립의 과정에서 베트남, 알제리, 미국과 같은 승리의 역사가 있었다면 얼마나 좋을까? 라는 생각을 하곤 한다. 오직 우리의 힘으로 이 땅에서 일본을 몰아냈다면 어땠을까?

제55보병사단 군종참모
중령 김재학 목사

1885년 베트남은 프랑스의 식민지로 전락한다. 2차 세계대전 중 독일에게 본토를 점령당하는 바람에 식민지를 제대로 관리할 수 없었던 프랑스는 종전 후 식민 지배를 강화하기 위해 베트남으로 군대를 보낸다. 이에 반발한 베트남은 프랑스를 상대로 독립전쟁을 일으킨다. 이것이 제1차 인도차이나 전쟁이다. 1946년 11월에 시작된 전쟁은 1954년 5월 7일 프랑스의 항복으로 끝나게 된다. 베트남이 프랑스의 항복을 받아낸 결정적인 전투이자 마지막 전투가 바로 디엔비엔푸 전투이다. 이 전투를 지휘한 보응우옌잡 장군은 일약 국민의 영웅이 된다. 베트남은 이 전투의 승리를 매우 자랑스럽게 생각한다. 매년 성대한 행사를 열어 전투의 승리와 독립을 기념한다. 알제리도 베트남처럼 치열한 전쟁을 통하여 프랑스를 몰아내고 독립했으며, 미국도 당대 최강인 대영제국의 정예군을 물리치고 독립을 쟁취했다.

나는 가끔 이런 상상을 한다. 우리나라도 독립의 과정에서 베트남과 같은 승리의 역사가 있었다면, 오직 우리의 힘으로 이 땅에서 일본을 몰아냈다면 어땠을까? 만약 그랬다면 일본군을 해산시킨다는 명목으로 두 강대국이 한반도에 들어올 일은 없었을 것이며, 남북분단이라는 뼈아픈 역사도 겪지 않았을 것이다. 일본을 항복시킨 결정적인 전투를 기리는 전승 행사도 매년 성대하게 열릴 것이다. 안타깝게도 우리에게는 독립을 기념하며 축하할만한 전승 행사가 없다. 왜냐하면 일본과 제대로 된 전투 한번 치르지 않은 채 독립을 맞았기때문이다. 미

OSS(CIA전신)와 합동으로 국내진공작전을 준비하고 있었지만, 작전 개시 3일 전에 일본이 미국에게 무조건 항복했다.

그렇게 해방은 갑자기 찾아왔고, 기쁨도 잠시 한반도는 이내 격랑에 휩싸이게 되었다. 진짜 전쟁이 해방 이후 시작되었기 때문이다. 이 전쟁은 이 땅에 어떤 형태의 국가를 세우느냐에 대한 건국 전쟁이자 이념 전쟁이었다. 이 전쟁은 군대를 앞세운 전쟁보다 훨씬 더 복잡하게 전개되었다. 해방정국은 그야말로 혼돈의 도가니였다.

진짜 전쟁이 해방 이후 시작되었기 때문이다. 이 전쟁은 이 땅에 어떤 형태의 국가를 세우느냐에 대한 건국 전쟁이자 이념 전쟁이었다. 이 전쟁은 군대를 앞세운 전쟁보다 훨씬 더 복잡하게 전개되었다. 해방정국은 그야말로 혼돈의 도가니였다.

도대체 무엇이 옳은지 분별하기 어려웠다. 지도자들의 노선이 갈렸다. 정치적 혼란과 가난을 먹고 자라는 공산주의는 해방 이후의 혼란을 틈타 급속도로 확산되었고, 공산주의에 매료된 지식인들도 상당수 있었다. 더구나 문맹

률이 80%에 육박하는 백성들은 선동당하기 쉬운 상대였다. 그 당시 역사적 상황을 보면 이 땅에 조선인민공화국이 세워졌어도 전혀 이상하지 않을 만큼 공산주의 세력은 거대했고 조직적이었으며 집요했다.

조금 더 깊이 들여다보자. 우리는 1945년 8월 15일에 그토록 바라던 일제로부터의 해방을 맞게 된다. 그런데 여기서 반드시 짚고 넘어가야 할 것이 있다. 우리는 어떻게 해방을 맞게 되었는가? 라는 질문이다. 이 글을 읽는 당신은 그 이유가 무엇이라고 생각하는가? 임진왜란 때처럼 군과 민이 함께 치열하게 싸워서 일본을 몰아냈었는가? 서론에서 이미 말했지만 그렇지 않다. 우리는 결정적인 독립전쟁이 없었다. 1920년 만주 지역에서 일본을 상대로 두 번의 빛나는 승리가 있었다. 봉오동 전투와 청산리대첩이다. 이 두 번의 전투 말고 독립군 또는 광복군이 일본에 대항해 싸웠던 전투가 있었나 생각해 보자. 중국군에 편입되어 일본에 대항하여 싸운 기록이 있긴 하다.

그러나 그것은 어디까지나

중국 땅에서 일본군을 몰아내기 위한 전투였지, 한반도에서 일본을 몰아내기 위한 전투는 아니었다. 게다가 그들 중 상당수는 훗날 북한군에 편입되어 6.25 전쟁 때 우리를 향해 총부리를 겨누었다. 실제로 중국 팔로군 출신으로 구성된 정예부대가 있었으며, 풍부한 전투 경험을 가진 그들로 인해 전쟁 초반 아군은 고전을 면치 못했다. 독립군은 1920년 두 번의 승리 이후 자유시 참변을 겪으면서 사실상 해체되었고 이후 임시정부 산하 광복군이 창설되었지만, 광복군은 해방을 맞기 전까지 일본

1945년 당시 광복군의 규모는 아무리 많이 잡아도 천 명이 채 되지 않았는데, 이에 비해 일본은 패전 직전임에도 불구하고 이 땅에만 약 37만 명의 정규군을 주둔시키고 있었다. 광복군이 이길 수 있는 규모가 아니었다.

───────────

군과 제대로 붙어보지도 못했다. 1945년 당시 광복군의 규모는 아무리 많이 잡아도 천 명이 채 되지 않았는데, 이에 비해 일본은 패전 직전임에도 불구하고 이 땅에만 약 37만 명의 정규군을 주둔시키고 있었다. 광복군이 이길 수 있는 규모가 아니었다.

여기까지 읽고 나면 "당신은 일제 치하 독립 운동가들의 헌신과 희생을 무시하는 거냐?"라고 내게 질문하고 싶을 것이다. 나는 일제 강점기라는 아픈 역사를 온몸으로 살아낸 독립운동가들의 삶을 깎아내리고 싶은 생각이 추호도 없다. 나라를 빼앗긴 상황에서도 절대 포기하지 않고 국내는 물론 만주, 상해, 미국 등지에서 조국의 독립을 위해 피와 땀과 눈물을 흘린 그 처절한 역사를 너무나 잘 알고 있기 때문이다. 많은 독립운동가들이 붙잡혀 고문당하거나 처형당했으며 심지어 굶어 서 죽기도 했다. 그들은 말로 형용할 수 없는 고초와 희생을 치렀다. 독립을 위한 조상들의 눈물겨운 투쟁을 우리는 결코 잊어서는 안 되며, 다음 세대에게 반드시 가르치고 전수해야 한다.

그러나 이처럼 독립을 위해 최선을 다했음에도 불구하고 결과적으로 우리 힘으로 일본을 한반도에서 몰아내지는 못했다. 이는 부정할 수 없는 역사적 사실이다. 우리의 해방에 결정적인 원인으로 작용한 것은 일본의 완전한 패망이다. 일본은 미국에게 무릎을 꿇었고,

우리에게는 해방이 찾아왔다. 그래서 일부 사람들은 "우리는 독립을 당했다"라고 말하기도 한다. 이 말이 기분을 상하게 하지만, 딱히 반박하기도 어렵다. 앞서 말한 것처럼 제대로 된 독립전쟁 없이 해방을 맞은 것이 사실이기 때문이다.

역사를 바라볼 때 주의해야 할 점이 있다. 역사를 바라볼 때 주의해야 할 점이 있다. 개인적인 감정은 최대한 배제해야 하며, 어느 한쪽으로 치우치거나 지나친 민족주의에 빠지지 않아야 한다는 점이다. 자칫하면 역사적 사실 자체를 부정하거나 왜곡된 시선으로 보게 될 가능성이 커진다. 우리는 과거 사건을 해석할 때 최대한 객관화시키려고 노력해야 한다. 단편적인 시각이 아닌 입체적인 시각으로 보아야 한다. 불편한 진실을 마주할 용기도 필요하다.

일본으로부터의 해방은 가히 상상할 수조차 없는 큰 기쁨이었을 것이다. 그러나 우리의 주권이 바로 우리 손으로 돌아오지 않았다. 일본군을 해산시킨다는 명분으로 한반도에 각각 미군과 소련군이 들어왔기 때문이다. 광복의 의미를 국어사전에서 찾아보면 '빼앗긴 영토를 되찾고, 주권을 되찾음'이라고 되어 있다.(참고: '다음 백과사전') 1945년 8월 15일 마침내 우리는 빼앗긴 영토를 되찾았지만, 주권을 되찾지는 못했다. 미군정과 소련군정이 정부의 기능을 대신했다.

1917년 레닌의 볼셰비키 혁명으로 러시아 제국이 무너지고, 역사상 최초의 공산주의 국가인 소련(소비에트 연방)이 탄생했다. 소련은 일본군 해산을 명분으로 미국보다 약 한 달 빠르게 한반도로 진군했는데[1], 처음부터 38도선 이북에 소련식 공산주의 국가를 세우려는 목적을 가지고 있었다. 이러한 사실은 소련이 해체된 후 스탈린의 지령이 담긴 여러 문건이 공개되면서 밝혀지게 되었다. 1946년 2월에 북한 지역에는 사실상의 정부 역할을 하는 북조선임시인민위원회가 만들어졌고, 1948년 2월에는 군대(인민군)가 창설되었다.

그러나 남한은 달랐다. 일본의 패망 이전인 1944년 8월 10일 여운형을 중심으로 한 공산주의자들이 '조선건국동맹'을 결성했는데, 이 모임이 '건국준비위원회'(일명 건준)로 발전하였고, 이들은 미군이 38도선 이남에 들어오기 전인 1945년 9월 6일에 '조선인민공화국'(이하 인공)을 선포했다. 그러나 곧이어 시작된 미군정2)은 인공을 해체시켰다. 그러자 박헌영을 중심으로 한 남조선노동당(이하 남로당)은 온갖 권모술수와 폭력으로 남한을 혼란에 빠뜨리기 시작했다. 38도선 이북은 소련의 직접적인 통제하에 김일성을 중심으로 한 강력한 공산국가가 순조롭게 세워지고 있었지만, 38도선 이남은 이미 해방 전부터 조직을 갖춘 공산주의

곧이어 시작된 미군정은 인공을 해체시켰다. 그러자 박헌영을 중심으로 한 남조선노동당(이하 남로당)은 온갖 권모술수와 폭력으로 남한을 혼란에 빠뜨리기 시작했다.

자들의 전략적인 활동으로 인한 혼란이 지속되었다.

북한의 공산화에 성공한 소련은 남북한 총선거를 위한 UN 선거인단의 38도선 이북의 출입을 막았다. 할 수 없이 UN은 남한만의 단독선거를 추진한다. 그러자 UN의 감시하에 치러질 총선거를 막으려는 남로당의

총력 투쟁이 전개된다. 파업과 폭동이 곳곳에서 발생하였고 제주 4.3사건[3], 여수 14연대의 반란[4]과 같이 장기간에 걸쳐 전국을 뒤흔드는 큰 사건이 연이어 터지면서 혼란은 극대화되었다. 해방 이후 3년은 국민이 참으로 주인이 되는 국가를 탄생시키기 위한 극심한 진통의 시간이었다.

우리나라 헌법 전문에는 "대한민국 임시정부의 법통을 계승한다"는 문구가 들어있다. 그러나 진정한 '민국'이 되려면 국민의 의사를 묻는 절차가 반드시 동반되어야 한다. 임시정부에서 정한 국호인 대한민국이 참된 '민국'이 된 것은 1948년 5월 10일에 있었던 총선거로 인한 것이다. 임시정부는 국민에 의해 선출된 대표자들로 구성된 단체가 아니다. 국민의 대표성을 갖추었다고 보기 어려운 부분이다. 수많은 난관을 극복하고 실시한 1948년 5·10 총선거는 우리 역사상 처음으로 국민이 주권을 행사한 기념비적인 사건이다.

이 주권을 행사한 기념비적인 사건이다. 이를 통해 진정한 국민의 대표가 선출되었다. 대한민국은 UN

이 요구한 네 단계인 총선거, 국회 구성, 헌법 제정, 정부 수립의 과정을 마치고 마침내 진정한 민주공화국으로 탄생했다. 이로써 대한민국은 UN이 인정하는 한반도의 유일한 합법적인 국가가 되었다.(1948년 12월 12일부) 이로 인하여 약 2년 후 발발한 6.25 전쟁 때 UN군이 우리를 돕기 위해 참전할 수 있었다.

우리나라는 반만년의 역사 속에서 무려 930회가 넘는 외침을 받았다. 그리고 해방 직후 우리는 그 어떤 전쟁보다 더 치열한 전쟁을 치렀다. 그 결과는 자유민주주의 국가 대한민국의 탄생이다. 우리는 승리했다. 마치 산모가 수없이 많은 죽을 고비를 넘기고 건강한 아이를 낳은 것과 같다. 국민이 진정한 주인이 되는 대한민국이 나의 조국이라니 이 얼마나 가슴 벅찬 현실인가? 복잡한 건국의 역사에 대한 우리의 최종적인 감정은 감사여야 한다. 아니 감사일 수밖에 없다. 지금 그 열매를 우리가 먹고 누리고 있지 않은가? 당신은 자유민주주의 국가를 세운 건국 세대에 대한 감사가 있는가? 그들이 그렇게 첫 단추를 잘 끼워 주었기 때문에 산

업화의 단추도 끼워질 수 있었고, 이어서 민주화의 단추도 끼워질 수 있었다. 그러니 엄혹했던 그 시절을 견뎌낸 분들에 대하여 잘못된 인식과 편견으로 함부로 평가하려는 시도는 자제해야 한다.

끝으로 2000년대부터 갑자기 논란이 되기 시작한 건국일에 관하여 말해보고자 한다. 국가가 되기 위해서는 어떤 자격을 갖추어야 하는지에 대하여 정의한 국제적인 선언문이 있다. 이 선언문의 내용은 현재까지도 국가 성립의 여부를 판단하는 세계적인 기준으로 쓰이고 있다. 바로 몬테비데오 협약이다. 1933년 12월 26일 우루과이의 수도 몬테비데오에서 채택되었으며, 1934년 12월 26일부로 발효되었다. 이 선언문의 정식 명칭은 '국가의 권리와 의무에 관한 협약'인데 다음 네 가지 자격을 갖추어졌을 때 국가로 명시하고 있다.

첫째, 영속적 인구 : 상시 거주하는 인구.

둘째, 분명한 영토 : 인구 집단이 거주할 수 있는 땅.

셋째, 정부 : 영토에 거주하는 인구를 실효 통치하는 기구.

넷째, 외교능력 : 다른 국가와 관계를 맺을 수 있는 실질적인 능력.

셋째와 넷째 항목은 바로 주권에 관한 것이다. 중학교 사회시간에 주관식으로 자주 출제되었던 "국가의 구성 3요소"에 대한 답(국민, 영토, 주권)이 바로 여기서 나온 것이다. 지금은 글로벌 시대이니 국제적인 기준으로 우리 역사를 평가해 보자. 대한민국의 건국은 임시정부로부터 시작되었다. 그러나 그것은 어디까지나 임시정부이다. 1910년 우리는 일본에게 영토, 국민, 주권을 다 빼앗겼다. 일본이 한반도를 실질적으로 통치했고, 임시정부는 실효적 지배를 하지 못했다. 다시 말해 임시정부는 징집 및 세금 징수의 권한을 행사할 수 없는 조직이었다. 임시정부를 공식 국가로 인정해 준 나라도 없었다.

오늘날 티베트 망명정부를 정식 국가로 인정하는 나라가 있는가? 임시정부는 정식 국가가 아니었기 때문

다시 말해 임시정부는 징집 및 세금 징수의 권한을 행사할 수 없는 조직이었다. 임시정부를 공식 국가로 인정해 준 나라도 없었다.

에 국제 외교무대에 설 수 없었다. 파리 강화회의[5]에 대표를 보냈으나 회의장에 들어가지도 못했다. 그러므로 1919년 4월 11일에 대한민국이 하나의 완성된 국가로 건국되었다고 말하는 것은 아무리 생각해도 무리가 아닐 수 없다. 무엇보다 임시정부는 국가의 자격요건을 갖추지 못했다.[6] 1945년 해방 이후에도 한반도에는 주권을 행사할 정부가 없었다. 3년간의 주권은 미군정과 소련군정에게 있었다. 인구 및 영토에 대한 실효적인 지배를 가능하게 하는 국가 건립의 최종 단계인 정부 수립과

국제사회(UN)로부터 공인은 1948년 8월 15일, 즉 대한민국 건국 선포일과 직결된다. 이는 부정할 수 없는 역사적 사실이다. 대한민국은 1919년에 잉태되었고, 1948년에 탄생했다고 말할 수 있다.

혹시 주민등록번호의 앞자리가 자신이 잉태된 날로 기록되어 있는 사람이 있는가? 아마도 당신이 태어난 날(생일)로 기록되어 있을 것이다. 그러나 두 날 모두 귀하다. 잉태된 날도 축하받아야 하고, 태어난 날도 축하받아야 한다. 실제로 우리는 아이의 잉태와

탄생을 모두 기뻐하고 축하하며 기념한다. 우리 대한민국이 국제기준으로 온전한 국가가 된 것은 1948년 8월 15일임이 자명하다.

다시 말하지만, 역사의 영역에서 정신 승리는 배제해야 한다. 일제 강점기 때에 버젓이 대한민국이라는 나라가 존재했다고 말하는 것은 일종의 정신 승리다. 그 시절 해외에 나간 사람들의 여권을 보라. 비통하게도 국적이 '일본'으로 되어 있다. 손기정 선수도 일장기를 달고 베를린을 달렸다. 그렇다고 그 시절 우리 조상들이 자신을 일본인으로 생각하지는 않았을 것이다. 비록 국적은 일본이었어도 민족의 정체성을 잃어버리지 않았다. 잃은 나라를 되찾기 위한 독립운동은 멈춘 적이 없다. 우리는 고구려사를 중국사라고 주장하는 중국의 동북공정을 비판한다. 우리나라 입장에서 동북공정은 중국의 억지 주장이며 정신 승리이다. 일본과 중국의 역사 왜곡을 비판하는 우리가 우리 역사를 왜곡해서는 안 될 것이다. 역사는 있는 그대로 보아야 한다. 정신 승리는 과거의 역사를 제대로 볼수 없게 만들 뿐 아니라, 과거로부터 배우지 못하게 만든다. 뼈아픈 역사는 뼈아픈 역사 그대로 두어야 다시는 그 역사를 반복하지 않게 된다.

대한민국의 핵심 가치는 반일이 아니라 자유민주주의이다. 과거 우리의 건국 세대는 이 땅에 자유민주주의 국가를 세우려고 했지, 반일의 정체성을 가진 나라를 세우려고 하지 않았다.

비록 시작은 미약했어도 언젠가는 일본을 능가하는 강한 국가가 되기를 그들은 누구보다 더 바랬을 것이다. 자유민주주의 국가 대한민국이 태어난 1948년 8월 15일은 우리 모두 소중하게 기억해야 할 날이다. 일부 사람들은 이날을 중요하다고 말하는 것에 대하여 독립운동사를 지우려는 시도라며 반발하기도 한다. 독립운동사는 독립운동사대로, 건국사는 건국사대로 중요하다.

8월 15일은 일제로부터 해방된 날(1945년)이며, 대한민국의 건국이 완성된 날(1948년)이다. 어느 한쪽만 강조해야 할 이유가 전혀 없다. 우리가 주권을 가진 국가로 출발한 날, 특히 국가의 구성 요건을 다 갖추고 처음 출발한 날이 1948

년 8월 15일이다. 우리는 아이의 탄생을 기뻐하듯이 마땅히 대한민국이 탄생한 이날을 기뻐해야 한다.

임시정부 수립(1919년 4월 11일), 일제로부터의 해방(1945년 8월 15일), 건국의 완성인 대한민국의 탄생(1948년 8월 15일)을 놓고 싸울 필요가 없다. 잉태와 성장, 탄생 모두가 중요하기 때문이다. 만약 광복 이후 이 땅에 공산주의 국가가 세워졌다면 그 광복이 무슨 의미가 있겠는가? 지금의 북한을 보라. 답이 분명하지 않은가? 진정한 광

임시정부 수립(1919년 4월 11일), 일제로부터의 해방(1945년 8월 15일), 건국의 완성인 대한민국의 탄생(1948년 8월 15일)을 놓고 싸울 필요가 없다. 잉태와 성장, 탄생 모두가 중요하기 때문이다.

───────────

복은 자유민주주의 국가 대한민국의 건국으로 완성된다.

1) 1945년 소련군은 해방을 명목으로 나진(8월 12일), 원산(8월 21일)을 거쳐 평양(8월24일)에 들어왔다.

2) 미군은 1945년 9월 8일에 인천을 통해 들어왔으며, 다음날인 9월 9일부로 미군정이 시작되었음을 선포했다.

3) 근현대사의 가장 비극적인 사건 중 하나로, 이를 바라보는 다양한 시각이 존재한다. 역사적 배경을 포함한 상세한 내용은 지면의 제한으로 여기서 다 다룰 수 없음을 양해 바란다. 다만 이 사건의 정확한 이해를 위해서는 폭동을 주도한 인물과 전반적인 내용에 대하여 살펴볼 필요가 있다. 이 사건은 1948년 4월 3일 새벽 2시, 남로당 인민유격대 1대 총사령관 김달삼을 중심으로 한 500여 명의 인민유격대원들이 제주도내 11개 경찰지서를 동시에 습격하면서 시작되었다. 이때 많은 경찰과 그의 가족, 우익인사들이 죽임을 당했다.

    인민유격대는 선거를 방해하기 위해 선거인명부 탈취, 투표용지 훼손을 목적으로 각 지역의 투표소를 습격하고 방화도 저질렀다. 제주도내 선거관리위원 15명이 그들에 의해 목숨을 잃었으며, 선거관리위원 상당수는 피신할 수밖에 없었다. 결국 이들의 폭동은 성공하여 제주도내 2개의 선거구는 투표율 과반 미달로 제헌국회 의원을 배출하지 못하게 되었다. 그들은 선거 방해라는 소기의 성과를 달성했다. 진압군(군과 경찰)과 인민유격대 간의 치열한 총격전이 지속되면서 양측의 피해가 커지게 되었는데, 특히 양민들의 피해가 매우 컸다. 양민 중에는 자의로 인민유격대에 들어간 사람도 있었지만, 강압에 의해 인민유격대에 끌려가거나 양식을 착취당한 사람도 많았다.

    이들은 전황이 역전되면서 인민유격대에 동조한 사람으로 낙인이 찍혀 보복을 당하거나 체포되었다. 국가가 막 태동하던 시기였던 만큼 당시는 제대로 된 조사과정을 거치기 쉽지 않았으며, 인민유격대와 양민의 구별도 모호하여 많은 피해자가 발생하게 되었다. 제주는 사실상 전시 상태였으며, 정부는 강경 진압을 할 수밖에 없는 매우 위급한 상황이었다. 억울하게 희생당한 분들에 대해서는 국가

차원의 철저한 조사를 거쳐 충분한 위로와 보상이 이루어져야 한다.

이는 상당 부분 진행되기도 했다. 우리는 제주도에서 발생한 이 비극적인 사건을 반드시 기억하되, 피해만을 앞세우며 사건의 본질을 보지 못하게 하려는 시도에 대해서는 철저히 경계해야 한다. 1948년 8월 월북한 인민유격대 1대 사령관 주동자 김달삼은 제주 폭동에 대한 공헌을 인정받아 김일성으로부터 국기훈장 2급을 받았으며, 조선민주주의인민공화국 헌법위원으로 선출되었다. 김달삼에 이은 2대 사령관 이덕구는 진압군을 상대로 결사 항전을 주도하다가 경찰에 의해 사살되었다. 김일성은 이덕구에게 국기훈장 3급을 수여했다. 평양에 있는 애국 열사릉에는 "남조선 혁명가"라는 글귀가 쓰인 김달삼, 이덕구의 묘비가 있다.

4) 두 달 전에 탄생한 대한민국을 전복시키려는 목적으로 1948년 10월 19일에 일어난 국군의 반란 사건이다. 이 역시 우리 근현대사의 커다란 비극이 아닐 수 없다. 진압 과정에서 양민들의 많은 희생이 있었기 때문이다. 그러나 이 사건 역시 본질을 제대로 보아야 한다. 도올 김용옥은 여수MBC에서 주최하는 강연에서 '여순 민중항쟁'이라는 용어를 썼으나 나는 반란이라고 본다. 이 사건은 14연대를 장악한 남로당원(지창수 상사, 김지회 중위 등)들이 반란에 동참하기를 거부하는 장교들을 집단 학살하면서 시작되었다. 대대장 3명을 포함한 21명의 장교들과 반란군 가담을 거부하는 병사들이 죽임을 당했다. 여수와 순천 지역에서 학살당한 경찰 및 우익인사 그 가족은 900여 명에 달한다. 반란군의 강압과 선동에 넘어간 시민들은 공산정권이 세워진 줄 착각하고 그들 편에 서게 되었다. 진압 과정에서 많은 피해자가 발생한 이유이다.

여수를 장악한 반란군은 군중을 모아놓고 인민대회를 열었는데, 여기서 '여수 인민위원회 결정서 6개 항'을 발표했다. 그 내용 중 일부는 다음과 같다. 제2조. 조선민주주의인민공화국에 대한 수호와 충성을 맹세한다. 제3조. 대한민국 분쇄를 맹세한다. 제4조. 남한 정부의 모든 법령은 무효로 선언한다. 여수 인민위원회 결정서에는 대한민국을 부정하고 전복시키려는 그들의 의도가 숨김없이 드러나 있다. 반란군이 점령한 지역의 관공서에는 어김없이 인공기가 나부꼈고, 곳곳에 인민공화국 포스터가 나붙었다. 단순히 민중항쟁이라고 볼 수 없는 이유다. 어느 나라, 어느 시대나 새로운 국가가 탄생하는 과정은 사실상 전쟁이었으며, 희생 없이 국가가 세워진 사례는 없다. 대한민국이 자유민주주의 국가로 세워지기까지 많은 사람의 희생과 헌신이 있었다는 사실을 잊지 말아야 한다.

5) 임시정부는 1차 세계대전 종전 후 전후 처리를 논의하기 위한 파리강화회의에 김규식을 포함한 대표단을 파견했다. 그러나 정식 국가가 아니라는 이유로 회의 장 출입을 거부당했다.

6) 대한민국 임시정부 강령 제3장(건국) 1항을 참조하라. "적의 일체 통치기구를 국 내에서 완전히 박멸하고 국가의 수도를 정하고 중앙정부와 중앙의회의 정식 활 동으로 주권을 행사하며 선거와 입법과 임관과 군사와 외교와 경제 등에 관한 국 가의 정령이 자유로 행사되어 삼균제도의 강령과 정책을 국내에 시행하기 시작 하는 과정을 건국의 제1기라 함". 임시정부 강령 제3장 1항에 따르면 적의 통치 기구를 국내에서 완전히 박멸하고('주권의 회복'을 의미), 선거, 입법, 관리의 임 관, 외교, 경제 등을 국내(한반도)에서 우리 스스로 행사할 수 있을 때가 바로 건 국의 제1기가 된다. 그렇다면 우리의 주권이 국내에서 완전히 시행되는 건국의 제1기는 언제인가? 임시정부 강령의 기준대로 한다면 대한민국 건국의 제1기는 1948년 8월 15일이 된다. 임시정부는 강령을 통해 스스로 대한민국의 건국을 준 비하는 기구 혹은 단체임을 밝히고 있다. 임시정부 구성원들이 임시정부가 곧 완 성된 국가라는 인식을 하지 않았음을 확인할 수 있는 대목이다.

우리는 임시정부 수립(1919년 4월 11일),
일제로부터의 해방(1945년 8월 15일),
건국의 완성인
대한민국의 탄생(1948년 8월 15일)을
놓고 싸울 필요가 없다.
잉태와 성장, 탄생 모두가 소중하기 때문이다.
만약 광복 이후 이 땅에
공산주의 국가가 세워졌다면
그 광복이 무슨 의미가 있겠는가?
지금의 북한을 보라.
답이 분명하지 않은가?
진정한 광복은 자유민주주의 국가
대한민국의 건국으로 완성된 것이다.

우리의 다짐

엄마 손에 끌려가는 아이처럼
분단의 슬픔 서러워
가슴에 철조망 친 사람들
이렇게 긴 이별이라면
잊을 수도 있을 텐데

더욱 생생히 가슴을 찢고
살아나는 피의 대물림
유월이면 재발하는 오래된 속앓이
충성하며 총칼을 들이댔던 유월이
눈앞에 와서 지난 것을 잊자 해도
잊혀진 것은 핏자국과 가난뿐이지만
사람들은 이제 화해를 원한다

그래서 우리는 기도하는 것
이해와 용서로 과거를
회복하는 것을 바라나니
통일의 깃발을 펄럭이는 동포들이여

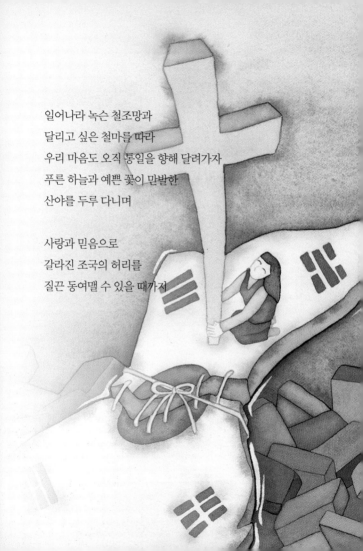

일어나라 녹슨 철조망과
달리고 싶은 철마를 따라
우리 마음도 오직 통일을 향해 달려가자
푸른 하늘과 예쁜 꽃이 만발한
산야를 두루 다니며

사랑과 믿음으로
갈라진 조국의 허리를
질끈 동여맬 수 있을 때까지

애·국·애·족·안·보·의·명·소·!

용산 전쟁기념관

'우리 미래의 동량인 젊은이들이
꼭 한번은 방문해야 할 곳이다.'

국가에 충성!
부모님께 효도!
그리고…
전우애!

입대를 앞둔 자녀, 주위의 청년, 친구가
함께 보면 행복해지는 만화!

신병생활에 힘과 용기를 주며
병영생활에서
예수님을 만날 수 있도록
인도하여 줄 것입니다.

여러 가지 암기에 대한 압박과

업무 숙지에 대한 두려움이 남았지만

중대장님 면담과 자기소개 시간을 가지면서

조금씩 안정되기 시작했다.

좋아

오케이!

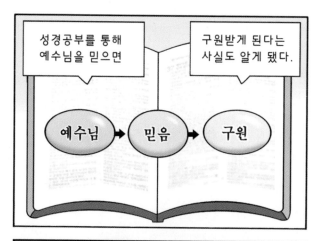

a guide to heaven

"하나님이 세상을 이처럼 사랑하사
독생자를 주셨으니 이는 그를 믿는 자마다
멸망하지 않고 영생을 얻게 하려 하심이니라"
(요한복음 3장 16절)

예수님은 우리의 길이시며,
진리이시며 생명이십니다.
죄로 인해 모든 사람은
하나님을 떠나서
영원한 지옥으로 갈 수밖에 없지만,
예수님으로 인해서
하나님의 자녀가 되고
훗날, 아름다운 천국에서
영생을 누리게 될 것입니다.

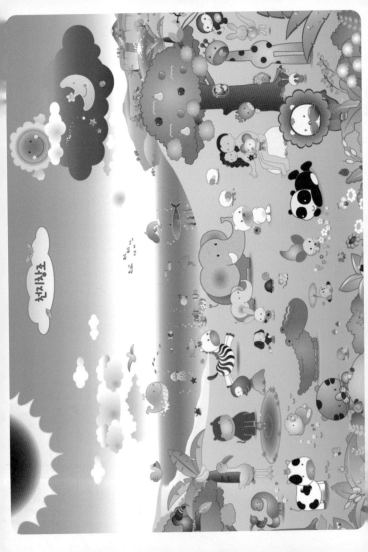

천지창조

"태초에 하나님이 천지를 창조하시니라" (창세기 1장 1절)

첫째 날 (창세기 1장 1~5절)
하나님이 빛을 낮이라 부르시고 어둠을 밤이라 부르시니라

둘째 날 (창세기 1장 6~8절)
하나님이 궁창을 만드사 궁창 아래의 물과 궁창 위의 물로 나
뉘게 하시니… 하나님이 궁창을 하늘이라 부르시니라

셋째 날 (창세기 1장 9~13절)
하나님이 뭍을 땅이라 부르시고 모인 물을 바다라 부르시니…
땅이 풀과 각기 종류대로 씨 맺는 채소와 각기 종류대로 씨 가
진 열매 맺는 나무를 내니…

넷째 날 (창세기 1장 14~19절)
하나님이 두 큰 광명체를 만드사 큰 광명체로 낮을 주관하게
하시고 작은 광명체로 밤을 주관하게 하시며 또 별들을 만드시
고…

다섯째 날 (창세기 1장 20~23절)
큰 바다 짐승들과 물에서 번성하여 움직이는 모든 생물을 그
종류대로, 날개 있는 모든 새를 그 종류대로 창조하시니…

여섯째 날 (창세기 1장 24~31절)
하나님이 땅의 짐승을 그 종류대로, 가축을 그 종류대로, 땅에
기는 모든 것을 그 종류대로 만드시니…
하나님이 자기 형상 곧 하나님의 형상대로 사람을 창조하시되
남자와 여자를 창조하시고…

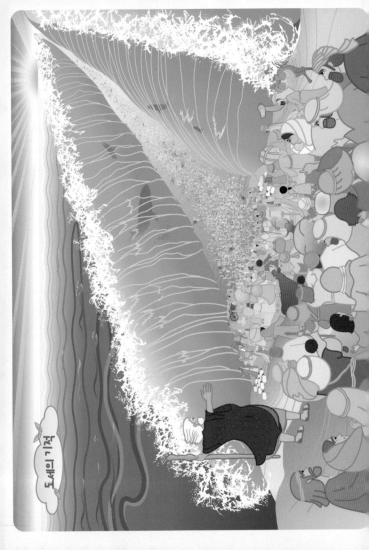

홍해의 기적

십계명

하나님이 이 모든 말씀으로 말씀하여 이르시되

제일은, 너는 나 외에는 다른 신들을 네게 있게 말지니라.

제이는, 너를 위하여 새긴 우상을 만들지 말고,

또 위로 하늘에 있는 것이나,

아래로 땅에 있는 것이나, 땅 아래 물속에 있는 것의

아무 형상이든지 만들지 말며,

그것들에게 절하지 말며, 그것들을 섬기지 말라.

제삼은, 너는 너의 하나님 여호와의 이름을 망령되이 일컫지 말라.

제사는, 안식일을 기억하여 거룩히 지키라.

제오는, 네 부모를 공경하라.

제육은, 살인하지 말지니라.

제칠은, 간음하지 말지니라.

제팔은, 도둑질하지 말지니라.

제구는, 네 이웃에 대하여 거짓 증거하지 말지니라.

제십은, 네 이웃의 집을 탐내지 말지니라.

"여호와께서 모세에게 이르시되 지팡이를 들고 손을 바다 위로 내밀어 그것으로 갈라지게 하라
이스라엘 자손이 바다 가운데서 마른 땅으로 행하리라"(출애굽기 14장 15-16절)

군부대 및 중·고등학교, 관련 단체에
6·25책자(안보 도서) 보내기 운동

6·25전쟁을 중·고등학교에 이어서
호국간성의 요람 육사에서도 개편…

문재인 전 대통령이 취임한 100일쯤 되는 2017년 8월 28일, 문 전 대통령은 국방부 초도 업무 보고받는 그 자리에서 호국간성의 육사 교과서 과정 개편을 공식적으로 지시했다.

육사는 2019년 생도들부터 시행되어, 6·25전쟁, 북한 이해, 군사 전력 등 세과목을 필수과목에서 선택으로 바꾸는 바람에 70%의 생도들이 교육을 받지 못하고 졸업했다. 국가방위와 안보에 있어서 빼놓을 수 없는, 생도들이라면 꼭 배워야 할 중요한 필수과목이었다. 뿐만 아니다. 2019년 6월 14일 스웨덴 의회에서 6·25전쟁을 쌍방과실이라는 망발을 서슴없이 함으로 논란이 되기도 했다. 자유대한민국이 백척간두 百尺竿頭에 서 있었다.

**전 국민의 필독서가 될 수 있도록
널리 보급해 주시고 알려 주십시오.**
남북 간의 긴장 상태가 갈수록 더 심화 되고 있는 이때,
자유대한민국의 국민이라면 6·25전쟁! 바로 알아야 할 때입니다.

6·25전쟁 역사 알리기 문서 후원
자발적 후원 / 신협 132 - 104 - 440443 (예금주:고*양)
- 끊임없는 중보기도 -